OFERECIDO A:

POR:

GRAÇA

PARA O MOMENTO

GRAÇA
PARA O MOMENTO

Pensamentos Inspiradores
para cada Dia do Ano

Max Lucado

Traduzido por Marta Doreto de Andrade

CPAD

Título do original em inglês: *Grace for the Moment*
J. Countryman, Nashville, Tennessee, USA
Primeira edição em inglês: 2000

Tradução: Marta Doreto de Andrade
Preparação dos originais: Kleber Cruz
Revisão: Daniele Pereira
Editoração: Leonardo Marinho
Adaptação de capa: Rafael Paixão

CDD: 5-242 – Devocional
ISBN: 85-263-0654-5

As citações bíblicas foram extraídas da versão Almeida Revista e Corrigida, edição de 1995, da Sociedade Bíblica do Brasil, salvo indicação em contrário.

Para maiores informações sobre livros, revistas, periódicos e os últimos lançamentos da CPAD, visite nosso site: http://www.cpad.com.br

SAC – Serviço de Atendimento ao Cliente: 0800-701-7373

Casa Publicadora das Assembléias de Deus
Caixa Postal 331
20001-970, Rio de Janeiro, RJ, Brasil

1ª edição/2004

3ª Edição 2007

PARA WENDELL HAWLEY

... por dar-me a oportunidade.

PREFÁCIO

Quando viajo com minhas filhas, deixo todas as passagens dentro de uma mochila. Na hora de embarcar no avião ou no trem, posiciono-me entre o atendente e as crianças. À cada uma que passa, deposito em sua mão uma passagem, e ela, por sua vez, a entrega ao atendente.

Deus faz o mesmo. Ele coloca-se entre nós e a nossa necessidade, esperando ajudar-nos. Por esta razão, a Bíblia diz: "Cheguemos, pois, com confiança ao trono da graça, para que possamos alcançar misericórdia e achar graça, a fim de sermos ajudados em tempo oportuno" (Hb 4.16).

Notou as duas últimas palavras? "Tempo oportuno". Não cedo demais, nem demasiadamente tarde. Mas na hora.

Assim como é minha função cuidar para que minhas filhas tenham o que precisam, Deus cuidará para que você tenha o que necessita.

Das suas mãos você receberá "ajuda oportuna".

E, quem sabe, Ele use estas páginas para dar-lhe esta ajuda.

Agradecimentos especiais a Terri Gibbs por supervisionar este projeto.

Agradeço também à minha amiga e assistente Karen Hill pelo precioso trabalho.

Minha apreciação a Jack Countryman por seu apoio entusiástico e suas grandes sugestões.

E — a você, leitor. É muita bondade sua convidar-me a entrar em seu mundo.

Possa Deus usar estes encontros diários para dar-lhe mais dEle mesmo — para conceder-lhe graça para o momento.

MAX LUCADO
Janeiro de 2000

Cada Dia...

Está tudo quieto. É manhãzinha. O meu café está quente. O céu ainda está escuro. O mundo ainda dorme. O dia está nascendo.

Em poucos momentos o dia chegará. Ele despertará com o nascer do sol. O silêncio da alvorada será trocado pelo barulho do dia. A calma da solidão será substituída pelo martelar dos passos da raça humana. O refúgio do amanhecer será invadido pelas decisões a serem tomadas e pelos prazos a cumprir.

Pelas próximas doze horas, estarei exposto às demandas do dia. É agora que devo fazer uma escolha. Por causa do Calvário, sou livre para escolher. E eu escolho.

ESCOLHO O AMOR...

Nenhuma ocasião justifica o ódio; nenhuma injustiça autoriza a amargura.
Eu escolho o amor. Hoje, amarei a Deus e ao que Deus ama.

ESCOLHO A ALEGRIA...

Convidarei meu Deus a ser o Deus da circunstância.
Rejeitarei a tentação de ser cínico... a ferramenta do pensador preguiçoso.
Recusar-me-ei a enxergar nas pessoas menos que seres humanos criados por Deus.
Negar-me-ei a ver em qualquer problema menos que a oportunidade de ver Deus.

ESCOLHO A PAZ...

Viverei perdoado. Perdoarei para que possa viver.

ESCOLHO A PACIÊNCIA...

Não me incomodarei com as inconveniências do mundo. Em vez de xingar
aquele que toma o meu lugar, o convidarei a fazê-lo.
Ao invés de reclamar da longa espera, agradecerei a Deus por um momento para orar. Em lugar de cerrar o punho ante novas tarefas,
irei enfrentá-las com alegria e coragem.

ESCOLHO A LONGANIMIDADE...

Serei longânimo com os pobres, porque estão sozinhos. Longânimo com os ricos, porque estão com medo. E longânimo com o descortês, porque é assim que Deus me tem tratado.

ESCOLHO A BENIGNIDADE...

Ficarei sem um centavo, mas não obterei nada desonestamente. Serei olhado de cima, em vez de orgulhar-me. Confessarei, ao invés de acusar. Escolho a benignidade.

ESCOLHO A FIDELIDADE...

Hoje manterei minhas promessas. Meus credores não se arrependerão de sua confiança. Meus companheiros não questionarão minha palavra. Minha esposa não questionará meu amor. E meus filhos nunca temerão que seu pai não volte para casa.

ESCOLHO A MANSIDÃO...

Nada se conquista à força. Escolho ser gentil. Se eu levantar a voz, que seja apenas em louvor. Se eu cerrar o punho, que seja apenas em oração. Se eu fizer uma exigência, que seja apenas de mim mesmo.

ESCOLHO O AUTOCONTROLE...

Sou um ser espiritual... Depois que este corpo morrer,
meu espírito se elevará.
Recuso deixar o corruptível governar o imortal.
Escolho o autocontrole. Embriagar-me-ei apenas de
alegria.
Apaixonar-me-ei apenas por minha fé.
Serei influenciado apenas por Deus. Serei ensinado
apenas por Cristo.
Escolho o autocontrole.

Amor, alegria, paz, paciência, longanimidade,
benignidade,
fidelidade, mansidão, autocontrole. Nisto empenho o
meu dia.
Se eu for bem-sucedido, darei graças. Se eu falhar,
buscarei sua graça.
E então, quando este dia se for, pousarei a cabeça no
travesseiro e descansarei.

MAX LUCADO
Quando Deus Sussurra o seu Nome

Janeiro

Ao Senhor ergo a minha voz e clamo,
com a minha voz suplico ao Senhor.

–Salmos 142.1 (ARA)

Deus Ouve

Ao Senhor ergo a minha voz e clamo,
com a minha voz suplico ao Senhor.
SALMOS 142.1 (ARA)

Você pode conversar com Deus porque Deus ouve. A sua voz tem importância no céu. Ele leva você muito a sério. Quando você entra em sua presença, Ele se volta a fim de ouvir sua voz. Não tema ser ignorado. Ainda que você gagueje ou tropece, mesmo se o que você tem a dizer não impressiona ninguém, impressionará a Deus, e Ele ouvirá. Ele ouve o doloroso apelo do idoso na casa de repouso. Ele houve a rude confissão do condenado no corredor da morte. Quando o alcoólico implora misericórdia, quando o cônjuge busca orientação, quando o homem de negócios desvia-se da rota para entrar na igreja, Deus ouve.

Atentamente. Cuidadosamente.

A Grande Casa de Deus

Uma Pessoa Escolhida

Mas vós sois a geração eleita, o sacerdócio real, a nação santa, o povo adquirido, para que anuncieis as virtudes daquele que vos chamou das trevas para a sua maravilhosa luz.
1 PEDRO 2.9

Você já sentiu que passou despercebido? Roupas novas e estilo podem ajudar por algum tempo. Porém se você quer mudança permanente, aprenda a ver a si mesmo como Deus o vê. "Vestiu[-me] de vestes de salvação, me cobriu com o manto de justiça, como um noivo que se adorna com atavios e como noiva que se enfeita com as suas jóias" (Is 61.10).

Sua auto-estima já caiu alguma vez? Quando acontecer, lembre-se do valor que você tem. "Não foi com coisas corruptíveis, como prata ou ouro, que fostes resgatados da vossa vã maneira de viver que, por tradição, recebestes dos vossos pais, mas com o precioso sangue de Cristo, como de um cordeiro imaculado e incontaminado" (1 Pe 1.18,19).

O desafio é lembrar disso. Meditar a respeito. Concentrar-se nisto. Permitir que o amor de Deus mude o modo como você vê a si mesmo.

Quando Cristo Voltar

Preocupação Inútil

Fui moço e agora sou velho; mas nunca vi desamparado o justo, nem a sua descendência a mendigar o pão.
Salmos 37.25

Nós nos preocupamos. Preocupamo-nos com o imposto de renda, com o vestibular, com a segurança... Preocupamo-nos se não temos dinheiro suficiente, e quando o temos, preocupamo-nos por achar que não estamos lidando bem com ele. Preocupamo-nos com a possibilidade de o mundo acabar antes que expire o prazo que pagamos no estacionamento. Preocupamo-nos com o que o cachorro pensará se nos vir sair do chuveiro. Preocupamo-nos que algum dia venhamos a descobrir que o iogurte *light* engorda.

Ora, francamente. Deus o salvou para que você se afligisse? Ele lhe ensinaria a andar só para vê-lo cair? Ele seria pregado na cruz por seus pecados, e então desprezaria suas orações? Ora, vamos. Estariam as Escrituras caçoando de nós quando dizem: "Porque aos seus anjos dará ordem a teu respeito, para te guardarem em todos os teus caminhos"? (Sl 91.11)

Também acho que não.

Nas Garras da Graça

Uma Restauração Completa

... e qual a sobreexcelente grandeza do seu poder sobre nós, os que cremos...
EFÉSIOS 1.19

Deus gosta de decorar. Deus *tem* de decorar. Deixe-o viver tempo suficiente num coração, e esse coração começara a mudar. Retratos de dor serão substituídos por paisagens de graça. Paredes de ira serão demolidas, e alicerces fendidos serão restaurados. Deus não pode deixar uma vida inalterada tanto quanto uma mãe não pode deixar intocada a lágrima de um filho...

Isto pode explicar algum desconforto em sua vida. Remodelar um coração nem sempre é prazeroso. Não fazemos objeção quando o Carpinteiro acrescenta algumas prateleiras, mas Ele é conhecido por devastar toda a ala oeste. Ele tem para você aspirações elevadas. Deus vislumbra uma restauração completa. Ele não parará até que tenha terminado... Ele quer que você seja exatamente igual a Jesus.

Simplesmente como Jesus

Não Perca a Resposta de Deus

Haveria coisa alguma difícil ao Senhor?
GÊNESIS 18.14

O Deus das surpresas surpreende novamente... Deus faz isto por causa dos fiéis. Bem quando o ventre se torna velho demais para bebês, Sara engravida. Exatamente quando a falta é grande demais para a benevolência, Davi é perdoado...

A lição? Duas palavras: Não desista.

A estrada é longa? Não pare.

A noite é escura? Não renuncie.

Deus está velando. Para que você saiba, neste exato momento... o cheque pode estar no correio.

O pedido de desculpas pode estar sendo feito.

O contrato de trabalho pode estar na escrivaninha.

Não desista. Se desistir, poderá perder a resposta às suas orações.

Ele ainda Remove Pedras

No Lar com Deus

Se alguém me ama, guardará a minha palavra, e meu Pai o amará, e viremos para ele e faremos nele morada.
João 14.23

Deus quer ser a sua habitação. Ele não está interessado em ser uma fuga de fim de semana, ou um bangalô para os domingos, ou um chalé para o verão. Não considere usar Deus como uma cabana de férias, ou uma eventual casa de retiro. Ele quer você sob o seu teto agora e sempre. Ele quer ser o seu endereço, seu ponto de referência; Ele quer ser o seu lar...

Para muitos, este é um conceito novo. Pensamos em Deus como uma divindade para ser discutida, não um lugar para viver. Pensamos em Deus como um misterioso fazedor de milagres, não uma casa para se morar. Pensamos em Deus como um criador a quem recorrer, não um lar onde habitar. Contudo, nosso Pai quer ser muito mais. Ele deseja ser aquEle em quem "vivemos, e nos movemos, e existimos" (At 17.28).

A Grande Casa de Deus

O Alicerce da Coragem

Porque serei misericordioso para com as suas iniqüidades e de seus pecados e de suas prevaricações não me lembrarei mais.
HEBREUS 8.12

"Portanto, agora, nenhuma condenação há para os que estão em Cristo Jesus" (Rm 8.1).

"Para que ele [Deus] seja justo e justificador daquele que tem fé em Jesus" (Rm 3.26).

Para os que estão em Cristo, estas promessas não são apenas uma fonte de alegria; são os alicerces da verdadeira coragem. Você é assegurado de que seus pecados serão filtrados, cobertos e ocultos pelo sacrifício de Cristo Jesus. Quando Deus olha para você, não é você que Ele vê; Ele vê aquEle que o envolve. Isto significa que faltas não são uma inquietação para você. A sua vitória é certa. Como você pode não ser corajoso?

O Aplauso do Céu

A Água do Servo

Depois, pôs água numa bacia e começou a lavar os pés aos discípulos e a enxugar-lhos com a toalha com que estava cingido.

João 13.5

Colocar nossos pés na bacia de Jesus é colocar em suas mãos as partes mais imundas de nossas vidas.

No Oriente antigo, os pés das pessoas ficavam endurecidos de poeira e lama. Os serventes da festa cuidavam para que fossem limpos. Jesus assume o papel de servo. Ele irá lavar a parte mais suja de sua vida. Se você lho permitir.

A água do Servo só vem quando confessamos que estamos sujos. Apenas quando confessamos que estamos endurecidos com a sujeira, que caminhamos por trilhas proibidas, e seguimos por caminhos errados...

Nunca seremos limpos até confessarmos que estamos sujos. Nunca seremos puros até admitirmos que estamos imundos. E nunca seremos capazes de lavar os pés daqueles que nos feriram, até deixarmos que Jesus, aquEle a quem ferimos, lave os nossos.

Ouvindo Deus na Tormenta

Nosso Sumo Sacerdote

Porque não temos um sumo sacerdote que não possa compadecer-se das nossas fraquezas; porém um que, como nós, em tudo foi tentado, mas sem pecado.
HEBREUS 4.15

Leia como J. B. Phillips traduz Hebreus 4.15:

Porque não temos um Sumo Sacerdote sobre-humano, para quem nossas fraquezas são ininteligíveis — ele próprio partilhou completamente de toda a nossa experiência de tentação, só que nunca pecou.

É como se ele soubesse o que diríamos a Deus: "Deus, é fácil para o Senhor aí em cima. O Senhor não sabe como é difícil aqui embaixo". Então ele corajosamente proclama a habilidade de Jesus para entender. Olhe novamente para o enunciado.

Ele próprio. Não um anjo. Não um embaixador. Não um emissário, mas o próprio Jesus.

Partilhou completamente. Não parcialmente. Não aproximadamente. Não até um alto grau. Inteiramente! Jesus partilhou completamente.

De toda a nossa experiência. De todo sofrimento. De toda dor. Todo o estresse e toda extenuação. Sem exceções. Sem substitutos. Por quê? Para que pudesse compadecer-se das nossas fraquezas.

In the Eye of the Storm

Feito para o Céu

O meu Reino não é deste mundo.
JOÃO 18.36

A infelicidade cultiva na terra um anseio pelo céu. Agraciando-nos com um profundo descontentamento, Deus retém nossa atenção. A única tragédia, então, é estar satisfeito prematuramente. Acomodar-se na terra. Estar contente numa terra estranha...

Não somos felizes aqui, porque não estamos em casa. Não somos felizes aqui, porque não é para estarmos felizes aqui. Somos como "peregrinos e forasteiros" (1 Pe 2.11).

E você nunca será completamente feliz na terra, simplesmente porque você não foi feito para a terra. Oh, você viverá momentos de alegria. Você terá vislumbres de luz. Você conhecerá momentos, ou até mesmo dias, de paz. Contudo, não se comparam à felicidade que repousa além.

Quando Deus Sussurra o seu Nome

Presença Fiel

Porque o Filho do Homem veio buscar
e salvar o que se havia perdido.
LUCAS 19.10

Nosso Deus é o Deus que acompanha. Você já o sentiu seguindo você? Ele é aquEle que veio procurar e salvar o perdido. Você já o sentiu procurando por você?

Você já sentiu a sua presença através da bondade de um estranho? Através da majestade de um pôr-do-sol, ou do mistério de um romance? Na indagação de uma criança, ou no empenho de um cônjuge? Numa palavra dita a seu tempo, num toque na hora certa, você já o sentiu?...

Deus nos dá a si próprio. Mesmo quando preferimos nossa choupana à sua casa, ou as nossas ninharias à sua graça, Ele ainda nos segue. Nunca nos forçando. Ele usa todo o seu poder para convencer-nos de que Ele é quem é, e de que podemos confiar nEle para conduzir-nos ao Lar.

The Gift for All People

Quem É o Servo?

Marta, porém, andava distraída em muitos serviços... e Maria escolheu a boa parte, a qual não lhe será tirada.
Lucas 10.40,42

Marta estava preocupada com algo bom. Jesus fora convidado para o jantar. Ela estava literalmente servindo a Deus. Sua intenção era agradar a Jesus. Não obstante, cometeu um erro comum e perigoso. Quando começou a trabalhar para Ele, seu trabalho tornou-se mais importante que o seu Senhor. O que começara como um meio de servir a Jesus tornou-se, lenta e imperceptivelmente, um meio de servir a si própria... Ela esquecera-se de que a refeição era para honrar a Jesus, não a Marta...

É fácil esquecer quem é o servo e quem deve ser servido.

Ele ainda Remove Pedras

Pensando em Você

As vossas petições sejam em tudo
conhecidas diante de Deus, pela oração
e súplicas, com ação de graças.
FILIPENSES 4.6

O céu não conhece diferença entre domingo de manhã e quarta-feira à tarde. Deus almeja falar claramente no local de trabalho tanto quanto no santuário. Ele anela ser adorado quando nos sentamos à mesa do jantar, e não apenas quando nos achegamos à mesa da Comunhão. Você pode passar dias sem pensar nEle; não existe, porém, um momento em que Ele não esteja pensando em você.

Sabendo disto, compreendemos a rigorosa meta de Paulo: "Levando cativo todo entendimento à obediência de Cristo" (2 Co 10.5). Podemos entender por que ele insiste conosco: "Orai sem cessar" (1 Ts 5.17), "perseverai na oração" (Rm 12.12), e "Não se cansem de orar" (Cl 4.2, Bíblia Viva).

A Grande Casa de Deus

Do Jeito que Você É

Que haja em vós o mesmo sentimento
que houve também em Cristo Jesus.
FILIPENSES 2.5

É perigoso resumir grandes verdades em uma declaração, mas vou tentar. Se uma ou duas sentenças pudessem capturar o desejo de Deus para cada um de nós, ela poderia ser assim:

> *Deus o ama exatamente como você é, mas recusa-se a deixá-lo como você está. Ele quer que você seja simplesmente como Jesus.*

Deus o ama exatamente como você é. Se você pensa que o amor dEle só será forte se a sua fé também o for, está enganado. Se você acha que o amor dEle será profundo se os seus pensamentos o forem também, errou de novo. Não confunda o amor de Deus com o amor das pessoas. O amor das pessoas geralmente aumenta com a performance, e diminui com os erros. Não é assim com o amor de Deus. Ele o ama do jeito que você é.

Simplesmente como Jesus

As Boas Dádivas de Deus

Toda boa dádiva e todo dom perfeito
vêm do alto, descendo do Pai das luzes.
TIAGO 1.17

Você já se sentiu como se não tivesse nada? Simplesmente olhe para as dádivas que Deus lhe tem dado:

> Ele tem enviado seus anjos para cuidar de você, seu Santo Espírito para habitar em você, sua igreja para encorajar você, e a sua Palavra para guiar você...
>
> Sempre que você fala, Ele houve; faça um pedido, e Ele responde.
>
> Ele nunca o deixará ser demasiadamente tentado, ou tropeçar tão gravemente.
>
> Deixe uma lágrima aparecer em sua face, e Ele estará lá para enxugá-la.
>
> Deixe um soneto de amor aparecer em seus lábios, e Ele estará lá para ouvi-lo.
>
> Quanto mais você deseja vê-lo, mais Ele quer ver você...

Você foi escolhido por Cristo... Ele o reivindicou como um filho amado seu.

Quando Cristo Voltar

A Boa Hora de Deus

E Deus não fará justiça aos seus escolhidos, que clamam a ele de dia e de noite, ainda que tardio para com eles?
LUCAS 18.7

Por que Deus espera até que o dinheiro acabe? Por que Ele espera até que a doença se agrave? Por que Ele prefere esperar até a beira do túmulo para responder uma oração por cura?

Não sei. Sei apenas que a sua hora é sempre certa. Posso apenas dizer que Ele fará o que é melhor...

Embora você nada ouça, Ele está falando. Embora você nada veja, Ele está agindo. Com Deus não há casualidade. Cada eventualidade é planejada a fim de levar-nos para mais perto dEle.

Ouvindo Deus na Tormenta

Vestes de Salvação

Porque convém que isto que é corruptível se revista da incorruptibilidade e que isto que é mortal se revista da imortalidade.
1 CORÍNTIOS 15.53

Jesus se importa com as roupas que usamos? Aparentemente, sim. De fato, a Bíblia nos diz exatamente qual é o guarda-roupa que Deus deseja.

"Mas revesti-vos do Senhor Jesus Cristo e não tenhais cuidado da carne em suas concupiscências" (Rm 13.14).

"Porque todos sois filhos de Deus pela fé em Cristo Jesus; porque todos quantos fostes batizados em Cristo já vos revestistes de Cristo" (Gl 3.26,27).

Estas roupas nada têm a ver com vestidos, *jeans* e ternos. A preocupação de Deus é com o nosso vestuário espiritual. Ele oferece um manto que apenas o céu pode ver, e apenas o céu pode dar. Ouça as palavras de Isaías: "Regozijar-me-ei muito no Senhor, a minha alma se alegra no meu Deus, porque me vestiu de vestes de salvação, me cobriu com o manto de justiça" (Is 61.10).

Quando Cristo Voltar

Espalhando Sementes de Paz

Semeai para vós em justiça,
ceifai segundo a misericórdia;
lavrai o campo de lavoura.
OSÉIAS 10.12

Quer ver um milagre? Plante uma palavra de amor profundo na vida de uma pessoa. Cultive-a com um sorriso e uma oração, e veja o que acontece.

Um empregado obtém um elogio. Uma esposa recebe um buquê. Um bolo é assado e levado ao vizinho. Uma viúva é abraçada. Um frentista do posto de gasolina é honrado. Um pregador é aplaudido.

Espalhar sementes de paz é como semear feijão. Você não sabe por que funciona; sabe apenas que funciona. Sementes são plantadas, e camadas de solo magoado são removidas.

Não esqueça o princípio. Nunca subestime o poder de uma semente.

O Aplauso do Céu

O Lugar Seguro

Estou convosco todos os dias,
até à consumação dos séculos.
MATEUS 28.20

Davi, o homem segundo o coração de Deus, afirmou: "Uma coisa pedi ao Senhor e a buscarei: que possa morar na Casa do Senhor todos os dias da minha vida" (Sl 27.4).

Qual é esta casa de Deus que Davi anela? Estaria Davi descrevendo uma estrutura física? Estaria ele procurando por uma construção de quatro paredes e uma porta pela qual pudesse entrar, mas que não existe? Não. Nosso Deus "não habita em templos feitos por mãos de homens" (At 17.24). Quando Davi fala: "Habitarei na Casa do Senhor por longos dias" (Sl 23.6), não está dizendo que quer sair do meio das pessoas. Está afirmando que anseia viver na presença de Deus, onde quer que esteja.

A Grande Casa de Deus

Um Mundo sem Pecado

E morará o lobo com o cordeiro,
e o leopardo com o cabrito se deitará,
e o bezerro, e o filho de leão,
e a nédia ovelha viverão juntos.
Isaías 11.6

Você pode imaginar um mundo sem pecado? Você fez alguma coisa recentemente por causa do pecado?

No mínimo, você reclamou. Você preocupou-se. Você murmurou. Você ajuntou, quando deveria ter partilhado. Você passou ao longe, quando deveria ter ajudado...

Por causa do pecado, você ralhou com alguém a quem ama, e discutiu com alguém a quem estima. Você sentiu-se envergonhado, culpado, amargurado.

O pecado tem causado milhares de ataques cardíacos e quebrado milhões de promessas. Sua inclinação pode ser traçada de volta ao pecado. Sua desconfiança pode ser rastreada de volta ao pecado. Fanatismo, roubo, adultério — tudo por causa do pecado. Mas no céu, tudo isto terminará.

Você pode imaginar um mundo sem pecado? Se pode, então pode imaginar o céu.

Quando Cristo Voltar

Um Coração Igual ao dEle

Tu és o nosso Pai;
nós, o barro, e tu, o nosso oleiro;
e todos nós, obra das tuas mãos.
Isaías 64.8

Deus quer que sejamos simplesmente como Jesus.

Não é uma boa notícia? Você não está preso à sua personalidade. Você não está condenado a viver amuado. Você é ajustável. Ainda que você tenha se preocupado cada dia de sua vida, você não precisa preocupar-se pelo resto de seus dias. E se você houvesse nascido fanático? Não teria de morrer assim.

De onde tiramos a idéia de que não podemos mudar? De onde vêm declarações como: "Preocupar-se faz parte da minha natureza" ou "Sempre serei pessimista. Sou assim mesmo"? Quem disse? Será que faríamos semelhantes declarações acerca de nossos corpos? "Faz parte da minha natureza ter uma perna quebrada. Não posso fazer nada a respeito". Claro que não. Se nossos corpos funcionam mal, buscamos ajuda. Não deveríamos fazer o mesmo com nossos corações? Não deveríamos procurar solução para nossas atitudes desagradáveis? Não podemos procurar tratamento para nossas tiradas egoístas? Claro que podemos. Jesus pode mudar nossos corações. Ele quer que tenhamos um coração igual ao dEle.

Simplesmente como Jesus

O Jesus Acessível

[Ele] se lembrou da nossa humilhação;
porque a sua benignidade é para sempre.
SALMOS 136.23

Deus escolheu revelar-se através de um corpo humano.

A língua que chamou o morto para fora era humana. A mão que tocou o leproso tinha poeira sob as unhas. Os pés sobre os quais chorou a mulher eram calosos e empoeirados. E as suas lágrimas... oh, não omita as lágrimas... elas vieram de um coração tão partido como o seu ou o meu já estiveram.

Então, as pessoas vinham a Ele. Puxa, como elas vinham a Ele! Vinham à noite; tocavam-no enquanto Ele caminhava pelas ruas, seguiam-no pela praia; convidavam-no para suas casas, e punham as crianças em seus joelhos. Por quê? Porque Ele recusa-se a ser uma estátua numa catedral ou um sacerdote num púlpito elevado. Em vez disso, Ele prefere ser um Jesus tangível, alcançável, acessível.

Deus Chegou mais Perto

Bênçãos à Mesa de Deus

Preparas uma mesa perante mim
na presença dos meus inimigos.
Salmos 23.5

Pare e visualize a cena na sala de jantar real de Deus...

Movido não por nossa beleza, mas por sua promessa, Ele nos chama a si, e convida-nos a tomar um lugar permanente à sua mesa... Ocupamos nosso lugar junto a outro pecador-feito-santo, e compartilhamos a glória de Deus.

Posso compartilhar uma lista parcial do que aguarda você nesta mesa?

Você está além da condenação (Rm 8.1).
Você é um membro do seu Reino (Cl 1.13).
Você foi adotado (Rm 8.15).
Você tem acesso a Deus a qualquer momento (Ef 2.18).
Você nunca será abandonado (Hb 13.5).
Você tem uma herança imperecível (1 Pe 1.4).

Nas Garras da Graça

O Cristo Compassivo

E Jesus, saindo, viu uma grande multidão,
e teve compaixão deles...
e começou a ensinar-lhes muitas coisas.
MARCOS 6.34

Quando Jesus desembarcou na praia de Betsaida, deixou o mar da Galiléia e caminhou para o mar da humanidade. Pense: Ele atravessara o mar para fugir às multidões. Ele anseia descansar com os seus seguidores. Ele precisa de qualquer coisa, menos de outra multidão de milhares para ensinar e curar.

Porém o seu amor pelas pessoas suplanta a sua necessidade de descanso...

Muitos daqueles a quem Ele curou nunca diriam "obrigado", mas Ele os curou assim mesmo. Muitos estariam mais preocupados em ser saudáveis que santos, mas de qualquer modo, Ele os curou. Alguns daqueles que hoje pediram pão bradariam por seu sangue poucos meses mais tarde. Contudo, Ele os curou. Ele tinha compaixão daquela gente.

In the Eye of the Storm

Adotado por Deus

O mesmo Espírito testifica com o nosso espírito que somos filhos de Deus.
Romanos 8.16

Quando nos chegamos a Cristo, Deus não apenas nos perdoa, mas também nos adota. Através de uma série dramática de eventos, passamos de órfãos condenados e sem esperança a filhos adotados e sem temor. Eis como tudo acontece: você chega diante do banco de julgamento de Deus, cheio de rebelião e enganos. Por causa de sua justiça, Ele não pode ignorar o seu pecado, mas por causa de seu amor, Ele não pode ignorar você. Então, num gesto que atordoa os céus, Ele pune a si próprio, na cruz, por seus pecados. A justiça e o amor de Deus são igualmente honrados. E você, criação de Deus, é perdoado. Mas a história não termina com o perdão de Deus...

Seria suficiente se Deus apenas limpasse o seu nome, mas Ele faz mais. Ele lhe dá o *seu* nome.

A Grande Casa de Deus

Cuidado com a sua Atitude

Nosso Senhor Jesus Cristo,
e nosso Deus e Pai... console o vosso coração
e vos conforte em toda boa palavra e obra.
2 TESSALONICENSES 2.16,17

"Senhor, não te importas que minha irmã me deixe servir só?" (Lc 10.40)

A vida de Marta era tumultuada. Ela precisava de uma pausa.

"Marta, Marta, estás ansiosa e afadigada com muitas coisas", explicou-lhe o Mestre, "mas uma só é necessária; e Maria [a] escolheu" (Lc 10.41,42).

O que Maria escolheu? Ela optou por sentar-se aos pés de Cristo. Deus tem mais prazer na atenção quieta de um servo sincero que no ruidoso serviço de um servo amargurado...

Mais que o tipo de serviço, o que importa é o coração por trás do serviço. Uma atitude ruim estraga a oferta que deixamos no altar do Senhor.

Ele ainda Remove Pedras

Você É Especial

Nem a altura, nem a profundidade,
nem alguma outra criatura
nos poderá separar do amor de Deus.
ROMANOS 8.39

Desejamos saber até onde o amor de Deus resistirá... Não apenas no domingo de Páscoa, quando estamos com os sapatos brilhando e os cabelos arrumados... Não quando estou animado e confiante, e pronto a resolver o problema da fome no mundo. Não. Sei como Ele se sente a meu respeito nestes momentos. Até eu gosto de mim nestas horas.

Quero saber o que Ele sente por mim quando disparo contra qualquer coisa que se move, quando meus pensamentos estão ao nível da sarjeta, quando minha língua está afiada o suficiente para fatiar uma rocha. Como Ele se sente a meu respeito então?...

Pode alguma coisa separar-nos do amor que Cristo tem por nós?

Deus respondeu nossa pergunta antes que a formulássemos. Para que enxergássemos a sua resposta, Ele iluminou o céu com uma estrela. Para que a ouvíssemos, Ele encheu a noite com um coral; e para que crêssemos nela, Ele fez o que homem algum jamais sonhara. Ele se fez carne e habitou entre nós.

Ele pôs o braço nos ombros da humanidade e disse: "Você é especial".

Nas Garras da Graça

Uma Intuição e uma Esperança

Filha, a tua fé te salvou;
vai em paz e sê curada deste teu mal.
MARCOS 5.34

Talvez tudo o que você tenha seja uma louca intuição e uma grande esperança. Você não tem nada para dar. Está sofrendo, porém. E tudo o que você tem a oferecer-lhe é a sua dor.

Quem sabe, isto impeça você de ir a Deus. Oh, você deu um passo ou dois em direção a Ele, mas então viu as outras pessoas à sua volta. Elas pareciam tão limpas, tão esmeradas, tão ataviadas e ajustadas em sua fé... E quando você as viu, elas bloquearam a sua visão dEle. Então você voltou atrás.

Se isto descreve você, observe atentamente uma pessoa a quem Cristo elogiou por ter fé. Não era um rico doador. Não era um seguidor leal. Não era um mestre aclamado. Era uma mulher cheia de vergonha, uma réproba sem dinheiro — uma mulher que havia doze anos sofria de hemorragia — que agarrou-se à intuição de que Ele poderia e à esperança de que Ele o faria.

De qualquer modo, esta não é uma definição errada de fé. Uma convicção de que Ele pode e uma esperança de que Ele fará.

Ele ainda Remove Pedras

Um Coração em Paz

A sabedoria que vem do alto é, primeiramente, pura, depois, pacífica, moderada, tratável, cheia de misericórdia e de bons frutos.
TIAGO 3.17

O coração de Jesus era puro. O Salvador era adorado por milhares, embora se contentasse com uma vida simples. Ele era cuidado pelas mulheres (Lc 8.1-3), mas nunca acusado de pensamentos concupiscentes; desprezado por sua própria criação, porém disposto a perdoar sempre que lhe pediam misericórdia. Pedro, que andou com Jesus por três anos e meio, descreve-o como um "cordeiro puro e imaculado" (1 Pe 1.19).

Depois de passar igual quantidade de tempo com Jesus, João concluiu: "E nele não há pecado" (1 Jo 3.5).

O coração de Jesus era pacífico. Os discípulos queixaram-se da necessidade de alimentar milhares, mas Jesus não. Ele agradeceu a Deus pelo problema. Os discípulos gritaram de medo na tempestade, mas Jesus não. Ele dormia em meio à tormenta. Pedro desembainhou a espada para lutar com os soldados, mas Jesus não. Ele estendeu as mãos para curar. Seu coração estava em paz.

Simplesmente como Jesus

Deus Cura nossas Feridas

Desembarcando, viu Jesus uma grande multidão, compadeceu-se dela e curou os seus enfermos.
MATEUS 14.14 (ARA)

A palavra grega para compaixão é *splanchnizomai*, que não significará muito para você, a menos que você trabalhe na área da saúde e tenha estudado esplancnologia na escola. Se é assim, você se lembra que esplancnologia é o estudo do... intestino.

Quando Mateus escreve que Jesus teve compaixão das pessoas, não está dizendo que Ele teve por elas uma piedade fortuita. Não, o termo é bem mais descritivo. Mateus está afirmando que Jesus sentiu a dor das pessoas em seu intestino:

Ele sentiu a coxeadura do aleijado.

Ele sentiu a dor do enfermo.

Ele sentiu o isolamento do leproso.

Ele sentiu o embaraço do pecador.

E uma vez que Ele sentia as suas dores, não podia simplesmente ajudar, mas curá-las.

In the Eye of the Storm

O Senhor É Paz

E a paz de Deus, que excede todo o entendimento, guardará os vossos corações e os vossos sentimentos em Cristo Jesus.
Filipenses 4.7

Deus veio a Gideão e comunicou-lhe que deveria guiar o seu povo na vitória sobre os midianitas. Foi como se Deus mandasse uma dona de casa enfrentar o marido abusivo, ou um colegial tomar conta de um traficante, ou um pastor pregar a verdade a uma congregação de fariseus. “O S-s-senhor d-d-deveria arranjar outra pessoa”, gaguejaríamos. Então Deus nos lembra que Ele sabe que não podemos, mas Ele pode. E para provar, Ele nos dá uma dádiva maravilhosa. Ele traz um espírito de paz. Uma paz diante da tempestade. Uma paz além da lógica... Ele a deu a Davi, depois de mostrar-lhe Golias; Ele a deu a Saulo, depois de mostrar-lhe o evangelho; Ele a deu a Jesus, depois de mostrar-lhe a cruz. E Ele a deu a Gideão. E assim, Gideão, em troca, deu-lhe um nome. Ele construiu um altar, e chamou-o de Jeová-Shalom, o Senhor é paz (Jz 6.24).

A Grande Casa de Deus

Fevereiro

Perto está o Senhor de todos os que o invocam,
de todos os que o invocam em verdade.

—SALMOS 145.18

A Estufa do Coração

Tudo o que o homem semear,
isso também ceifará.
GÁLATAS 6.7

Pense um momento em seu coração como uma estufa para plantas... E o seu coração, como uma estufa, deve ser administrado.

Considere por um instante os seus pensamentos como sementes. Alguns pensamentos tornam-se flores. Outros, ervas daninhas. Plante sementes de esperança, e desfrute de otimismo. Plante sementes de dúvidas, e espere insegurança...

A prova está em toda parte que você olhe. Nunca se perguntou por que algumas pessoas têm a capacidade "teflon" de resistir ao negativismo, e permanecerem pacientes, otimistas e perdoadoras? Seria porque elas diligentemente espalharam sementes de bondade e estão desfrutando da colheita?

Já se perguntou por que outros têm um ponto de vista tão acerbo? Uma atitude tão sombria? Você também teria, se o seu coração fosse uma estufa de espinhos e ervas daninhas.

Simplesmente como Jesus

Santidade entre Nós

Exulta e alegra-te, ó filha de Sião,
porque eis que venho e habitarei
no meio de ti, diz o Senhor.
ZACARIAS 2.10

Deus tornou-se um bebê. Ele entrou num mundo de... problemas e ataques cardíacos.

"E o Verbo se fez carne e habitou entre nós, e vimos a sua glória, como a glória do Unigênito do Pai, cheio de graça e de verdade" (Jo 1.14).

A palavra operante do verso é *entre*. Ele viveu *entre* nós. Vestiu o mais caro dos mantos: um corpo humano. Fez de uma manjedoura um trono, e de algumas vacas, uma corte real. Tomou um nome comum — Jesus — e o fez santo. Tomou pessoas comuns, e fez o mesmo com elas. Ele poderia ter vivido acima, ou longe, de nós. Mas não o fez. Ele viveu entre nós.

Ele tornou-se um amigo do pecador e um irmão do pobre.

Quando Cristo Voltar

Seu Dia Está Chegando

Guarda o que tens, para que ninguém tome a tua coroa.
APOCALIPSE 3.11

Alguns de vocês nunca ganharam um prêmio em sua vida. Oh, talvez, você tenha sido o chefe de seu grupo de escoteiros, ou o encarregado das sodas na festa de Natal, mas só isto. Você nunca ganhou muita coisa. Você assistiu aos campeões deste mundo levarem para casa os troféus e as faixas. Tudo o que você tem são os "quase" e os "e se".

Se é este o seu caso, você apreciará esta promessa: "E, quando aparecer o Sumo Pastor, alcançareis a incorruptível coroa de glória" (1 Pe 5.4).

O seu dia está chegando. Aquilo a que o mundo não tem dado importância, o seu Pai tem registrado, e bem antes do que imagina, você será abençoado por Ele.

Quando Cristo Voltar

O Auxílio de Deus Está Perto

Perto está o Senhor de todos os que o invocam, de todos os que o invocam em verdade.
SALMOS 145.18

A cura começa quando fazemos alguma coisa. A cura inicia quando estendemos a mão. A cura principia quando damos um passo.

O auxílio de Deus está perto, e é sempre proveitoso; entretanto, Ele somente o dá a quem o busca. Nada resulta da apatia...

Deus honra a fé radical, disposta a se arriscar.

Quando arcas são construídas, vidas são salvas. Quando soldados marcham, Jericós vêm abaixo. Quando cajados são levantados, mares se abrem. Quando um pequeno lanche é partilhado, milhares são alimentados. E quando uma veste é tocada — quer pelas mãos de uma mulher anêmica na Galiléia, quer pelas orações de um mendigo em Bangladesh — Jesus pára. Pára, e responde.

Ele ainda Remove Pedras

Deus de Propósito

O Filho do Homem não veio para ser servido, mas para servir e para dar a sua vida em resgate de muitos.
Mateus 20.28

[Jesus] recusou-se a ser guiado por qualquer outra coisa, que não a sua elevada vocação. Seu coração era cheio de propósito.

Muitos vivem mirando coisa alguma, e é isto que alcançam. Jesus mirava um único alvo — salvar a humanidade dos seus pecados. Ele poderia resumir sua vida com uma sentença: "O Filho do Homem veio buscar e salvar o que se havia perdido" (Lc 19.10). Jesus estava tão concentrado em sua tarefa, que soube quando dizer: "Está consumado" (Jo 19.30). Mas não estava tão concentrado a ponto de ela lhe ser desagradável.

Totalmente ao contrário. Quão agradáveis eram os seus pensamentos! As crianças não resistiam a Jesus. Ele podia achar beleza nos lírios, alegria na adoração e possibilidades em problemas. Ele podia passar dias com multidões de enfermos, e ainda compadecer-se deles. Ele passou mais de três décadas caminhando através da sujeira e do lodo de nossa iniqüidade; contudo, ainda viu em nós beleza suficiente para morrer por nossos pecados.

Simplesmente como Jesus

Deus ainda Concede Graça

Para Deus todas as coisas são possíveis.
MARCOS 10.27

Nossas indagações denunciam a nossa falta de entendimento:

Como Deus pode estar em toda parte ao mesmo tempo? (Quem disse que Deus é limitado por um corpo?)

Como Deus pode ouvir todas as orações que chegam a Ele? (Quem sabe, os ouvidos dEle sejam diferentes dos seus).

Como Deus pode ser o Pai, o Filho e o Espírito Santo? (Não seria o caso de haver no céu uma dimensão diferente da que há na terra?)

Se as pessoas aqui embaixo não me perdoam, quanto mais culpado sou eu diante de um Deus santo? (Oh, exatamente o oposto. Deus é sempre capaz de conceder graça, quando os humanos não o podem fazer — Ele a inventou.)

A Grande Casa de Deus

Um Lar para o seu Coração

Senhor, eu tenho amado a habitação da tua casa e o lugar onde permanece a tua glória.
Salmos 26.8

Quando se trata de descansar a alma, não há lugar como a Grande Casa de Deus. "Uma coisa pedi ao Senhor", escreveu Davi, "e a buscarei: que possa morar na Casa do Senhor todos os dias da minha vida, para contemplar a formosura do Senhor e aprender no seu templo. Porque no dia da adversidade me esconderá no seu pavilhão; no oculto do seu tabernáculo me esconderá" (Sl 27.4,5).

Se você pudesse pedir a Deus uma única coisa, o que pediria? Davi nos conta o que ele solicitaria. Ele almeja *viver* na casa de Deus. Enfatizei a palavra *viver* porque ela merece ser enfatizada. Davi não quer bater papo. Ele não deseja uma xícara de café no alpendre dos fundos. Não pede uma refeição, ou para passar uma noite na casa de Deus. Ele anela mudar-se para lá com Ele... para sempre. Ele deseja ter o seu próprio quarto... permanentemente. Ele não quer passar uma temporada na casa de Deus. Ele almeja aposentar-se lá. Ele não busca uma designação temporária, mas uma residência vitalícia.

A Grande Casa de Deus

Jesus Compreende

Ele tomou sobre si as nossas enfermidades
e as nossas dores levou sobre si.
ISAÍAS 53.4

Jesus sabe como você se sente. Você está sob fogo cruzado em seu trabalho? Jesus sabe como você se sente. Você tem de fazer mais do que o humanamente possível? Ele sabe. As pessoas tiram de você mais do que dão? Jesus entende. Seus adolescentes não o escutam? Seus alunos não se esforçam? Jesus sabe como você se sente.

Você é precioso para Ele. Tão precioso, que Ele fez-se igual a você para que você viesse a Ele.

Quando você se empenha, Ele escuta. Quando você anela, Ele responde. Quando você questiona, Ele ouve. Ele já esteve aí.

In the Eye of the Storm

Uma Carta de Alegria

Regozijai-vos, sempre, no Senhor;
outra vez digo: regozijai-vos.
Filipenses 4.4

Volte comigo na história, dois mil anos atrás. Vamos para Roma, mais propriamente a uma salinha pardacenta, cercada por altas paredes. Dentro, vemos um homem sentado no chão. Ele é um velho companheiro, careca e de ombros encurvados. Cadeias prendem-lhe os pés e as mãos...

É o apóstolo Paulo... O apóstolo que era compelido apenas pela vontade de Deus, agora está em cadeias — preso numa casa sombria, atado a um oficial romano.

Ele está escrevendo uma carta. Sem dúvida é uma carta de reclamação a Deus. Com certeza, é uma lista de queixas. Ele tem toda razão de estar amargurado e queixar-se. Mas ele não o faz. Em vez disso, ele escreve uma carta que, dois mil anos depois, ainda é conhecida como um tratado da alegria — Filipenses...

Por que você não despende algum tempo com ela?

The Inspirational Study Bible

Preparando o Coração

Quanto está longe o Oriente do Ocidente,
assim afasta de nós as nossas transgressões.
SALMOS 103.12

A confissão faz por nossa alma o que o preparo do solo faz pelo campo. Antes de plantar a semente, o fazendeiro trabalha a terra, removendo pedras e arrancando tocos. Ele sabe que a semente cresce melhor se a terra estiver preparada. A confissão é o ato de convidar Deus a percorrer os acres do nosso coração. "Há uma rocha de ganância aqui, Pai, e eu não consigo removê-la. E aquelas três árvores de culpa perto da cerca? Suas raízes são longas e profundas. E, posso mostrar-lhe um solo seco, duro demais para semear?" As sementes de Deus crescem melhor se o solo do coração estiver limpo.

E assim, o Pai e o Filho percorrem juntos o campo; cavando e puxando, preparando o coração para o fruto. A confissão convida o Pai a trabalhar o solo da alma.

Nas Garras da Graça

Um Bocadinho de Bondade

Quem, pois, tiver bens do mundo e, vendo o seu irmão necessitado, lhe cerrar o seu coração, como estará nele a caridade de Deus?
1 JOÃO 3.17

Leon Tolstói, o grande escritor russo, conta de uma vez em que estava indo pela rua, e passou por um mendigo. Tolstói procurou nos bolsos algum dinheiro para dar-lhe, mas seus bolsos estavam vazios. O escritor voltou-se para o homem e desculpou-se: "Sinto muito, meu irmão, mas nada tenho para dar".

O mendigo iluminou-se e disse: "Você me deu mais do que pedi — você chamou-me de irmão".

Para quem é amado, uma palavra de afeição é um bocadinho, mas para o faminto de amor, uma palavra de afeição pode ser uma festa.

Ele ainda Remove Pedras

Veja o que Deus Fez!

Os céus proclamam a glória de Deus.
SALMOS 19.1(ARA)

É vital que oremos armados do conhecimento de que Deus está no céu. Ore sem convicção, e as suas orações serão tímidas, superficiais e ocas. Despenda, porém, algum tempo caminhando pela oficina do céu, contemplando o que Deus fez, e veja como suas orações serão revigoradas...

Olhe o sol! Cada metro quadrado do sol está constantemente emitindo cerca de 130.000 cavalos-vapor, ou o equivalente a 450 motores de oito cilindradas. Embora seja tão poderoso, o nosso sol é uma das menores estrelas dentre as 100 bilhões que compõem a nossa Via Láctea. Segure uma moeda com os dedos e estenda o braço em direção ao céu, permitindo que a moeda lhe eclipse a visão, e você bloqueará de suas vistas milhões de estrelas... Mostrando-nos o céu, Jesus está nos mostrando a oficina do Pai. Ele dá uns tapinhas em nosso ombro e diz: “Seu Pai pode cuidar disso para você”.

A Grande Casa de Deus

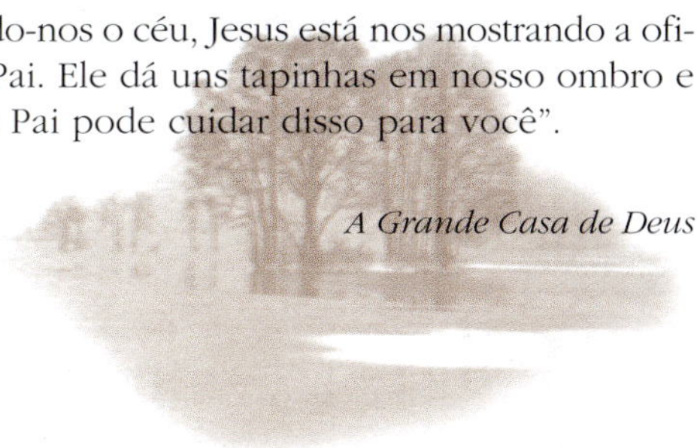

A Voz da Aventura

Qualquer que procurar salvar a sua vida perdê-la-á, e qualquer que a perder salvá-la-á.
Lucas 17.33

Há surpresas não experimentadas a serem vividas. Persiga-as. Procure-as. Negocie para obtê-las. Não escute os lamentos daqueles que se conformaram a uma vida inferior, e querem que você faça o mesmo para que não se sintam culpados. A sua meta não é viver muito; é viver.

Jesus diz que as opções são claras. De um lado está a voz da segurança. Você pode acender a lareira, ficar em casa e permanecer aquecido, seco e a salvo...

Ou você pode ouvir a voz da aventura — a aventura de Deus. Em vez de acender a lareira, acenda seu coração. Siga os impulsos de Deus. Adote uma criança. Mude-se para o estrangeiro. Lecione àquela classe. Troque de profissão. Concorra a um cargo público. Faça a diferença. Certamente isto não é seguro, mas, o que é?

Ele ainda Remove Pedras

Sua Bênção Pessoal

Cada um receberá de Deus o louvor.
1 Coríntios 4.5

Que sentença incrível. *Cada um receberá de Deus o louvor.* Não "o melhor deles", nem "alguns deles", nem "o empreendedor dentre eles", mas "*cada um* receberá de Deus o louvor".

Você não será deixado de fora. Deus cuidará para que isto não aconteça. Na verdade, Deus mesmo dará o louvor. Quando chegar a hora do reconhecimento, Deus não delegará a tarefa. Miguel não entregará as coroas. Gabriel não falará em nome do trono. Deus mesmo fará as honras. Deus mesmo louvará seus filhos.

E mais: o louvor é pessoal! Os prêmios não serão dados a uma nação inteira de uma vez, a uma igreja, ou a uma geração. As coroas serão dadas uma de cada vez. O próprio Deus olhará em seus olhos, e abençoará você com as palavras: "Muito bem, servo bom e fiel!" (Mt 25.23, ARA)

Quando Cristo Voltar

O Coração de Jesus

Porque tudo quanto ele [o Pai] faz,
o Filho o faz igualmente.
João 5.19

O principal atributo de Jesus era este: seu coração era espiritual. Seus pensamentos refletiam o seu íntimo relacionamento com o Pai. "Eu estou no Pai, e o Pai, em mim" (Jo 14.11).

Jesus recebeu instruções do próprio Deus. Era seu costume sair para adorar (Lc 4.16). Memorizar as Escrituras era prática sua (Lc 4.4). Lucas relata que Ele "retirava-se para os desertos e ali orava" (Lc 5.16). Seus momentos de oração o guiavam. Ele retornou da oração e anunciou que era tempo de irem para outra cidade (Mc 1.38). De outra feita, sua oração resultou na escolha dos discípulos (Lc 6.12,13). Jesus era guiado por uma mão invisível...

O coração de Jesus era espiritual.

Simplesmente como Jesus

Deleite Sagrado

Bem-aventurados os pobres de espírito,
porque deles é Reino dos céus.
Mateus 5.3

Deus promete deleite sagrado. E a sua promessa é para uma multidão distinta:

• "Os pobres de espírito". Mendigos na fila do sopão de Deus.

• "Os que choram". Pecadores anônimos unidos pela verdade de sua apresentação: "Oi, sou eu. Sou um pecador".

• "Os misericordiosos". Ganhadores de herança milionária, que partilham o prêmio com os inimigos.

• "Os puros de coração". Médicos que amam leprosos e escapam ao contágio.

• "Os pacificadores". Arquitetos que constroem pontes com a madeira de uma cruz romana.

• "Os perseguidos". Aqueles que conseguem manter um olho no céu, enquanto atravessam o inferno na terra.

É para este bando de peregrinos que Deus promete uma bênção especial. Uma alegria celestial. Um deleite sagrado.

O Aplauso do Céu

A Soma do Cristianismo

Porque eu vos dei o exemplo, para que,
como eu vos fiz, façais vós também.
João 13.15

Sublinhe isto. Nós somos o que vemos. Se vemos apenas a nós, nossas lápides terão o mesmo epitáfio que Paulo usou para descrever os inimigos de Cristo: "O deus deles é o ventre, e a glória deles é para confusão deles mesmos, que só pensam nas coisas terrenas" (Fp 3.19).

Os seres humanos não foram feitos para viver no tedioso nevoeiro das terras chãs, sem visão do seu Criador.

Ver Jesus é tudo o que o cristianismo é. O serviço cristão, em sua forma mais pura, nada mais é que imitar a Jesus, a quem vemos. Ver sua majestade e imitá-lo: eis a soma do cristianismo.

Deus Chegou mais Perto

Deus se Importa com Você

Olhai para as aves do céu, que não semeiam,
nem segam, nem ajuntam em celeiros;
e vosso Pai celestial as alimenta.
MATEUS 6.26

Contemple a terra! O peso do nosso globo tem sido estimado em seis sextilhões de toneladas (um seis com vinte e um zeros). E ela tem uma inclinação exata de vinte e três graus. Um pouquinho a mais, ou um pouquinho a menos, e as nossas estações se perderiam numa inundação causada pelo derretimento dos pólos. Embora o nosso globo gire à razão de mil milhas por hora, ou vinte e cinco mil milhas por dia, ou nove milhões de milhas por ano, nenhum de nós cai...

Enquanto você fica em pé, observando a oficina de Deus, deixe-me propor algumas questões. Se Deus é capaz de colocar as estrelas em suas órbitas, e suspender o céu como uma cortina, você considera uma possibilidade remota Ele guiar a sua vida? Se o seu Deus é poderoso o suficiente para acender o sol, não seria Ele suficientemente poderoso para iluminar o seu caminho? Se Ele se importa com o planeta Saturno o bastante para dar-lhe anéis, ou com Vênus, para fazê-lo faiscar, haveria uma chance mínima de que Ele cuida de você o suficiente para suprir as suas necessidades?

A Grande Casa de Deus

Bons Hábitos

Deixando os rudimentos da doutrina de Cristo, prossigamos até a perfeição.
HEBREUS 6.1

Gosto da história do menininho que caiu da cama. Quando sua mãe perguntou-lhe o que acontecera, ele respondeu: "Não sei. Acho que eu estava perto demais de onde cheguei".

É fácil fazer o mesmo com a nossa fé. É tentador ficar exatamente aonde chegamos, e nunca nos movermos.

Analise um passado não muito distante. Um ou dois anos atrás. Agora faça a si mesmo algumas perguntas. Como a sua vida de oração atual se compara com a de então? E quanto às suas contribuições? Tanto a quantidade como a alegria aumentaram? E quanto à lealdade para com a sua igreja? Pode-se dizer que você cresceu? E o estudo bíblico? Você está aprendendo?

Não cometa o erro do menininho. Não fique perto demais de onde você chegou. É arriscado descansar na beirada.

Quando Deus Sussurra o seu Nome

Orar Faz Diferença

Ora, nós sabemos que Deus não ouve a pecadores; mas, se alguém é temente a Deus e faz a sua vontade, a esse ouve.
JOÃO 9.31

A maioria de nossas orações poderia sofrer um ajuste.

Algumas orações carecem de consistência. Elas são um deserto ou um oásis. São um palavreado longo, árido, seco, interrompido por breves mergulhos nas águas da comunhão.

Outras carecem de sinceridade. Nossas orações são um tanto ocas, decoradas e rígidas. Mais liturgia que vida. E embora diárias, são maçantes.

Outras, ainda, precisam... bem, de honestidade. Honestamente perguntamos se orar faz diferença. Por que motivo iria Deus querer conversar comigo? Se Deus sabe de tudo, por que devo contar-lhe alguma coisa? Se Deus controla tudo, por que devo fazer alguma coisa?

Nossas orações podem ser desajeitadas. Nossas tentativas podem ser fracas. Mas desde que o poder da oração está naquEle que a ouve, e não naquele que a profere, nossas orações realmente fazem diferença.

Ele ainda Remove Pedras

Além da Imaginação

Na casa de meu Pai há muitas moradas...
vou preparar-vos lugar.
JOÃO 14.2

O descanso nesta terra é um descanso falso. Cuidado com aqueles que o instigam a achar felicidade aqui; você não a encontrará. Guarde-se dos falsos médicos, que garantem estar a alegria à distância apenas de uma dieta, de um casamento, de um emprego, ou de uma transferência...

Tente isto. Imagine um mundo perfeito. Não importa o que isto signifique para você. Imagine-o. Significa paz? Então visualize a tranqüilidade absoluta. Um mundo perfeito implica alegria? Então crie sua felicidade mais alta. Um mundo perfeito teria amor? Pense num lugar onde o amor não tenha limites. O que quer que seja que o céu represente para você, imagine-o. Deixe-o firmemente fixado em sua mente...

E então sorria enquanto o Pai lhe recorda: *Ninguém jamais imaginou o que Deus tem preparado para aqueles que o amam.*

Quando se trata de descrever o céu, todos falhamos.

Quando Deus Sussurra o seu Nome

Mudado à sua Semelhança

Porque quem conheceu a mente do Senhor,
para que possa instruí-lo?
Mas nós temos a mente de Cristo.
1 CORÍNTIOS 2.16

A distância entre o nosso coração e o coração de Jesus parece ser imensa. Como podemos sequer esperar ter o coração de Jesus?

Pronto para uma surpresa? Você já o tem... Se você está em Cristo, você já tem o coração de Cristo. Uma das supremas promessas ainda não imaginadas de Deus é simplesmente isto: se você deu a sua vida a Jesus, Ele deu a si mesmo a você. Ele fez do seu coração a casa dEle. Seria difícil dizê-lo de modo mais sucinto que Paulo: "Cristo vive em mim" (Gl 2.20)...

Ele mudou-se para o seu coração, desempacotou a bagagem e está pronto a mudar você "[tornando-o] mais e mais semelhante a Ele" (2 Co 3.18, Bíblia Viva).

Simplesmente como Jesus

A Ajuda de Deus Está Próxima

A fé é o firme fundamento das coisas que se esperam e a prova das coisas que se não vêem.
Hebreus 11.1

Fé é a crença de que Deus é real e de que Ele é bom... É uma escolha acreditar que aquEle que fez tudo não abandonou o que fez, e ainda envia luz por entre as sombras, e responde aos gestos de fé...

Fé é a crença de que Deus fará o que é certo.

Deus afirma que quanto mais desesperada a sua situação, mais provável a sua salvação. Quanto maiores os seus cuidados, mais genuínas as suas orações. Quanto mais escuro o aposento, maior a necessidade de luz.

A ajuda de Deus está próxima, e sempre disponível, mas é dada apenas àqueles que a buscam.

Ele ainda Remove Pedras

Um Corte acima

Aquietai-vos e sabei que eu sou Deus.
SALMOS 46.10

A palavra *santo* significa "separado". A linhagem do termo pode ser traçada de volta a uma antiga palavra que significa "cortar". Ser santo, então, é ser um corte acima da norma, superior, extraordinário... O Santo habita em um nível diferente do restante de nós. O que nos amedronta não amedronta a Ele. O que nos preocupa não preocupa a Ele.

Sou mais um marinheiro de água doce que um marujo, mas estive num barco o suficiente para conhecer o segredo de se achar terra numa tempestade... Você não mira outro barco. Você certamente não fita as ondas. Você fixa os olhos em um objeto não afetado pelo vento — uma luz na costa — e segue direto a ela.

Quando você fita os olhos em Deus, você focaliza "um corte acima" de qualquer tempestade que a vida possa trazer... Você encontra a paz.

A Grande Casa de Deus

Vem e Vê

Disse-lhe Natanael: Pode vir alguma coisa boa de Nazaré? Disse-lhe Filipe: Vem e vê.
JOÃO 1.46

A pergunta de Natanael ainda ressoa, dois mil anos depois... Pode alguma coisa boa vir de Nazaré? Vem e vê.

Vem e vê as vidas mudadas:
o alcoólatra agora é sóbrio,
o amargurado agora é alegre,
o envergonhado agora é perdoado...
casamentos reconstruídos, órfãos abraçados,
o prisioneiro inspirado...

Vem e vê a mão furada de Deus tocar o mais comum dos corações, enxugar a lágrima da face enrugada e perdoar o mais vil pecador.

Vem e vê. Ele não evita investigadores. Ele não ignora sindicância. Ele não teme pesquisa. Vem e vê.

Ouvindo Deus na Tormenta

A Bondade de Deus

O rico e o pobre se encontraram;
a todos os fez o Senhor.
PROVÉRBIOS 22.2

Já notou que Deus não lhe pede para provar que fará bom uso do seu salário? Já percebeu que Deus não desliga o seu suprimento de oxigênio quando você usa mal as suas dádivas? Você não se alegra por Deus não lhe dar apenas aquilo que você se lembra de agradecer?

A bondade de Deus é impelida por sua natureza, não por nossos merecimentos.

Alguém perguntou a um amigo meu: "Que precedente bíblico temos nós para ajudar o pobre que não deseja tornar-se cristão?"

Meu amigo respondeu com uma palavra: "Deus".

Deus faz isto diariamente, por milhares de pessoas.

In the Eye of the Storm

O que Deus Fez

Pela graça sois salvos.
EFÉSIOS 2.5

Leia devagar e cuidadosamente a descrição de Paulo do que Deus fez por você: "E, quando vós estáveis mortos nos pecados e na incircuncisão da vossa carne, vos vivificou juntamente com ele, perdoando-vos todas as ofensas, havendo riscado a cédula que era contra nós nas suas ordenanças, a qual de alguma maneira nos era contrária, e a tirou do meio de nós, cravando-a na cruz. E, despojando os principados e potestades, os expôs publicamente e deles triunfou em si mesmo" (Cl 2.13-15).

Enquanto medita nas palavras acima, responda esta pergunta: Quem está fazendo o trabalho? Você ou Deus? Quem é ativo? Você ou Deus? Quem está salvando? Você ou Deus?

Ele ainda Remove Pedras

28 de Fevereiro

Vida Ímpia

Em seus discursos se desvaneceram,
e o seu coração insensato se obscureceu.
Dizendo-se sábios, tornaram-se loucos.
Romanos 1.21,22

Já que o hedonista nunca viu a mão que fez o universo, ele presume que não haja vida além do aqui e agora. Ele acredita que não há verdade além deste espaço. Que não há propósito além de seu próprio prazer. Nenhum fator divino. Ele não tem interesse pelo eterno...

O hedonista pergunta: "Quem se importa? Posso ser mau, mas e daí? O que eu faço é apenas da minha conta". Ele está mais interessado em satisfazer suas paixões que em conhecer o Pai. A sua vida é tão desesperada por prazer, que ele não possui tempo nem lugar para Deus.

Ele está correto? É certo passar os nossos dias torcendo o nariz para Deus e vivendo ao nosso modo?

Paulo responde: "Absolutamente não!"

De acordo com Romanos 1, perdemos mais que vitrais quando rejeitamos a Deus. Perdemos nosso padrão, nosso propósito, e nossa adoração.

Nas Garras da Graça

Março

Entrega o teu caminho ao Senhor;
confia nele, e ele tudo fará.

–Salmos 37:5

Apenas uma Coisa Importa

As coisas que o olho não viu, e o ouvido não ouviu, e não subiram ao coração do homem são as que Deus preparou para os que o amam.
1 CORÍNTIOS 2.9

Pense no dia em que Cristo voltar. Lá está você, no grande círculo dos redimidos...

Embora você seja um na multidão, é como se você e Jesus estivessem totalmente a sós.

Estou só especulando, mas pergunto-me se Cristo poderia dizer-lhe estas palavras: "Estou muito orgulhoso por você me haver permitido usá-lo. Por sua causa, outros estão aqui hoje. Gostaria de conhecê-los?"

À esta altura, Jesus poderia virar-se para a multidão e convidá-los... Um a um, eles começariam a andar em sua direção.

O primeiro é seu vizinho, um velho casca-grossa, que mora ao lado. Para ser franco, você não esperava vê-lo. "Você nunca soube que eu estava olhando", explica ele, mas eu estava. E por sua causa, eu estou aqui"...

Não demora muito, e você e o seu Salvador estão cercados pela deleitável multidão de almas que você tocou. Algumas você conhece, outras, não. Mas por todas elas você sente o mesmo... Você sente o que Paulo sentiu... "Estou muito orgulhoso da sua fé" (veja 1 Ts 2.19).

Quando Cristo Voltar

Viva uma Vida Santa

Assim resplandeça a vossa luz diante dos homens,
para que vejam as vossas boas obras
e glorifiquem o vosso Pai, que está nos céus.
MATEUS 5.16

Você quer fazer a diferença em seu mundo? Viva uma vida santa:

Seja fiel ao seu cônjuge.

Seja aquele, no escritório, que recusa trapacear.

Seja o vizinho prestativo.

Seja o empregado que faz o trabalho e não reclama.

Pague as suas contas.

Faça a sua parte e desfrute a vida.

Não pregue uma mensagem e viva outra.

As pessoas estão mais olhando o modo como agimos que escutando o que falamos.

Ouvindo Deus na Tormenta

Coragem diante do Trono

Cheguemos, pois, com confiança ao trono
da graça, para que possamos alcançar
misericórdia e achar graça.
HEBREUS 4.16

Jesus ensina-nos: "Quando orar, ore assim: Pai nosso que estás no céu, santificado seja o teu nome. Venha o teu reino".

Quando você ora "Venha o teu reino" está convidando o próprio Messias para dentro do seu mundo. "Venha, meu rei! Tome seu trono em nossa terra. Esteja presente em meu coração. Esteja presente em meu escritório. Entre em meu casamento. Seja o Senhor da minha família, de meus temores e de minhas dúvidas". Este não é um pedido fraco: é um valente apelo para Deus ocupar cada canto de sua vida.

E quem é você para pedir tal coisa? Quem é você para pedir a Deus que tome o controle do seu mundo? Pelo amor de Deus, você é seu filho! E então você pede audaciosamente.

A Grande Casa de Deus

Removendo Dúvidas

Qual é maior: quem está à mesa ou quem serve?
Porventura, não é quem está à mesa?
Eu, porém, entre vós, sou como aquele que serve.
LUCAS 22.27

Nos dias de Jesus, lavar os pés era uma tarefa reservada não aos servos, mas ao mais inferior dos servos. Todo círculo tem a sua hierarquia social, e o círculo dos empregados domésticos não é exceção. O servo mais humilde era o que deveria estar de joelhos, com a toalha e a bacia.

Neste caso, aquele com a toalha e a bacia é o rei do universo. Mãos que formaram as estrelas agora lavam a sujeira. Dedos que moldaram montanhas agora massageiam dedões. E aquEle, diante de quem as nações um dia se curvarão, ajoelha-se diante dos seus discípulos. Horas antes de sua morte, a preocupação de Jesus é singular. Ele quer que os seus discípulos saibam o quanto Ele os ama. Mais que removendo poeira, Jesus está removendo dúvidas.

Simplesmente como Jesus

Provedor Único, Consolador Único

Vinde a mim, todos os que estais cansados
e oprimidos, e eu vos aliviarei.
Mateus 11.28

Enquanto Jesus for uma dentre muitas opções, Ele não será opção.

Enquanto você puder carregar suas cargas sozinho, você não precisará de um carregador. Enquanto as suas circunstâncias não lhe trouxerem aflição, você não receberá conforto. E enquanto você for capaz de aceitá-lo ou deixá-lo, você pode deixá-lo, porque Ele não será aceito de modo indiferente.

Mas quando você lamentar, quando sentir pesar por seus pecados, quando admitir que não tem outra opção a não ser lançar sobre Ele todos os seus cuidados, e quando verdadeiramente não houver outro nome que você possa chamar, então lance todos os seus cuidados sobre Ele, pois Ele está esperando no meio da tempestade.

O Aplauso do Céu

O Preço do seu Presente

Cristo padeceu uma vez pelos pecados,
o justo pelos injustos, para levar-nos a Deus.
1 Pedro 3.18

Cristo veio à terra por uma única razão: dar a vida em resgate de você, de mim, de todos nós. Ele sacrificou-se para dar-nos uma segunda chance. Ele teria feito o que fosse preciso. E o fez. Ele subiu à cruz, onde o completo desespero do homem colide com a irredutível graça de Deus. E nesse momento, quando a grande dádiva de Deus foi concluída, o Cristo compassivo mostrou ao mundo o preço da sua dádiva...

Ele, que era perfeito, deu-nos aquele registro perfeito, e ficou com o nosso registro imperfeito.

Como resultado, a santidade de Deus é honrada, e seus filhos, perdoados.

O Aplauso do Céu

Em Cima da Hora

O teu Deus, a quem tu continuamente serves, ele te livrará.
DANIEL 6.16

Olhe para Jonas na barriga do peixe — cercado de sucos gástricos e algas marinhas... Ele ora. Antes que possa dizer amém, a barriga se convulsiona, o peixe arrota, e Jonas aporta na praia, de cara no chão.

Olhe para Daniel na cova dos leões; suas perspectivas não são muito melhores que as de Jonas. Jonas foi engolido, e Daniel está preste a sê-lo...

Ou olhe para José no poço, um buraco no deserto quente. A tampa foi puxada sobre a boca do poço, e areia lançada em seus olhos... Assim como Jonas e Daniel, José foi pego numa armadilha. Ele não tem opção. Não há saída. Não há esperança. Embora a estrada para o palácio passe pelo cárcere, ela acabará no trono...

Assim são as histórias na Bíblia. Uma experiência quase mortal após a outra. Exatamente quando o pescoço está na guilhotina, exatamente quando a corda está em torno do pescoço, o Calvário se aproxima.

Ele ainda Remove Pedras

Guiado pelo Espírito

Porque todos os que são guiados pelo Espírito de Deus, esses são filhos de Deus.

ROMANOS 8.14

Ao ouvir muitos de nós conversar, você pensaria que não acreditamos neste versículo. Você pensaria que não acreditamos na Trindade. Conversamos sobre o Pai e estudamos o Filho, mas quando se trata do Espírito Santo, ficamos, na melhor das hipóteses, confusos; e na pior, amedrontados. Confusos porque nunca fomos ensinados. Amedrontados porque fomos ensinados a ter medo.

Posso simplificar um pouco as coisas? O Espírito Santo é a presença de Deus em nossas vidas, continuando a obra de Jesus. O Espírito Santo ajuda-nos em três direções: intimamente (garantindo-nos o fruto do Espírito, Gl 5.22-24), ascendentemente (intercedendo por nós, Rm 8.26), e externamente (fluindo o amor de Deus em nossos corações, Rm 5.5).

Quando Deus Sussurra o seu Nome

A Vontade de Deus... Seja Feita

Venha o teu Reino. Seja feita a tua vontade,
tanto na terra como no céu.
Mateus 6.10

Orar "Seja feita a tua vontade" é buscar o coração de Deus. A palavra vontade significa "forte desejo". Então, o que é o coração de Deus? Sua paixão? Ele quer que você o conheça.

Deveria Deus esconder de nós o que Ele vai fazer? Aparentemente não, pois Ele tem ido bem longe para revelar-nos sua vontade. Poderia Ele ter feito mais do que enviar seu Filho para guiar-nos? Poderia ter feito mais do que dar sua Palavra para ensinar-nos? Poderia ter feito mais do que orquestrar eventos para despertar-nos? Poderia ter feito mais do que enviar seu Santo Espírito para consolar-nos?

Deus não é Deus de confusão, e, onde quer que Ele veja seguidores sinceros com corações confusos, você pode apostar o seu presente de Natal como Ele fará o que for preciso para ajudá-los a enxergar a sua vontade.

A Grande Casa de Deus

Deus É Louco por Você

E até mesmo os cabelos da vossa cabeça estão todos contados.
MATEUS 10.30

São muitas as razões pelas quais Deus salvou você: trazer glória a si próprio, apaziguar sua justiça, demonstrar sua soberania. Porém uma das mais doces razões pelas quais Ele o salvou é que Ele gosta muito de você. Ele gosta de ter você por perto. Ele acha que você é a melhor companhia para descer o pico da montanha...

Se Deus tivesse uma geladeira, o seu desenho estaria na porta dela. Se Ele possuísse uma carteira, a sua fotografia estaria nela. Ele envia-lhe flores todas as primaveras, e uma aurora a cada manhã. Sempre que você quiser conversar, Ele ouvirá. Ele pode viver em qualquer parte do universo, e escolheu o seu coração...

Encare isto, amigo, Ele é louco por você.

Ouvindo Deus na Tormenta

Olhe sua Misericórdia!

Sede uns para com os outros benignos, misericordiosos, perdoando-vos uns aos outros, como também Deus vos perdoou em Cristo.
EFÉSIOS 4.32

Jesus enrolou um cinto de servo na cintura, pegou uma bacia, e ajoelhou-se diante de um dos discípulos. Ele desamarrou a sandália, e gentilmente levantou-lhe o pé e o colocou na bacia; cobriu-o com água, e começou a lavá-lo. Um por um, um pé encardido após o outro, Jesus fez o seu trabalho em toda a fila...

Você pode ter certeza, Jesus conhecia o futuro de cada pé que estava lavando. Aqueles vinte e quatro pés não passariam o próximo dia seguindo o seu Mestre, defendendo a sua causa. Aqueles pés correriam para se ocultar, ao refulgir de uma espada romana. Apenas um par de pés não o abandonaria no jardim. Um discípulo não desertaria dEle no Getsêmani — Judas nem mesmo iria tão longe...

Olhe o presente que Jesus dá aos seus seguidores! Ele sabia o que esses homens estavam para fazer. E quando eles o fizessem, Ele queria que se lembrassem de como os seus joelhos se dobraram diante deles, e Ele lavou os seus pés. Queria que compreendessem que os seus pés já estavam limpos. Ele perdoara os seus pecados, antes mesmo que os cometessem. Ofereceu-lhes misericórdia antes mesmo que a buscassem.

Simplesmente como Jesus

Escravos da Bondade

Mas, agora, libertados do pecado e feitos servos de Deus, tendes o vosso fruto para santificação, e por fim a vida eterna.
ROMANOS 6.22

Como poderíamos nós, que fomos libertos do pecado, voltar a ele? Antes de Cristo, nossas vidas achavam-se fora de controle, sujas e permissivas. Nem sequer sabíamos que éramos porcalhões, até o encontrar.

Então Ele mudou-se para dentro de nossas vidas. As coisas começaram a mudar. O que deixávamos espalhados, começamos a guardar. O que negligenciávamos, passamos a limpar. O que era bagunça tornou-se ordem. Oh, já houve e ainda há lapsos ocasionais de pensamentos e atos, mas em geral, Ele deixou nossa casa em ordem.

De repente, descobrimo-nos desejando fazer o certo. Voltar à velha bagunça? Está brincando? "Mas graças a Deus que, tendo sido servos do pecado, obedecestes de coração à forma de doutrina a que fostes entregues. E, libertados do pecado, fostes feitos servos da justiça" (Rm 6.17,18).

Nas Garras da Graça

Uma Explosão de Amor

Buscai, antes, o Reino de Deus,
e todas essas coisas vos serão acrescentadas.
Lucas 12.31

Às vezes Deus é tão tocado pelo que vê, que nos dá o que necessitamos, e não simplesmente o que pedimos.

Que bom. Afinal, quem teria sequer pensado em pedir a Deus o que Ele nos dá? Quem de nós teria se atrevido a dizer: "Deus, poderia por favor pendurar-se a si mesmo num instrumento de tortura, como uma substituição por cada erro que já cometi?" E então ter a audácia de acrescentar: "E depois de perdoar-me, poderia preparar-me um lugar em sua casa, onde eu possa morar para sempre?"

E como se isto não fosse suficiente: "E o Senhor poderia viver dentro de mim, e me proteger, e me guiar, e me abençoar com muito mais do que eu jamais mereci?"

Honestamente, teríamos o atrevimento de pedir isto?...

Jesus já conhece o custo da graça. Ele já conhece o preço do perdão. Mas Ele os oferece assim mesmo. O amor arrebenta o coração dEle.

Ele ainda Remove Pedras

Os Céus ao seu Lado

Pois é Cristo quem morreu ou, antes,
quem ressuscitou dentre os mortos, o qual está à
direita de Deus, e também intercede por nós.
ROMANOS 8.34

Jesus está orando por nós... Jesus tem falado, e Satanás tem ouvido. O Diabo pode acertar um soco ou dois. Ele pode até vencer alguns *rounds*, mas nunca vence uma luta. Por quê? Porque Jesus luta por você... Ele "pode também salvar perfeitamente os que por ele se chegam a Deus, vivendo sempre para interceder por eles" (Hb 7.25).

Neste exato momento, Jesus está protegendo você. O Diabo deve passar por Cristo antes de poder tocar você. E Deus "não vos deixará tentar acima do que podeis; antes, com a tentação dará também o escape" (1 Co 10.13).

Quando Cristo Voltar

O Fogo Interior

E, começando por Moisés e por todos os profetas, [Jesus] explicava-lhes o que dele se achava em todas as Escrituras.
Lucas 24.27

Quando os discípulos viram quem Ele era, Ele desapareceu. "E disseram um para o outro: Porventura, não ardia em nós o nosso coração quando, pelo caminho, nos falava e quando nos abria as Escrituras?" (Lc 24.32)

Você não ama este versículo? Eles sabiam que tinham estado com Jesus por causa do fogo dentro deles. Deus revela a sua vontade colocando uma tocha em sua alma. Ele deu a Jeremias um fogo pelos corações endurecidos. Ele deu a Neemias um fogo pela cidade esquecida. Ele pôs Abraão em chamas por uma terra que ele nunca tinha visto. Ele pôs Isaías em chamas com uma visão que ele não pôde resistir. Quarenta anos de pregação infrutífera não puderam extinguir o fogo de Noé.

Sublinhe isto: Jesus vem para pôr você em chamas. Ele anda como uma tocha de coração para coração, aquecendo o frio, derretendo o gelo, e espertando as cinzas... Ele vem para purgar infecções e iluminar sua direção.

A Grande Casa de Deus

Ouça a sua Voz

Não te deixarei, nem te desampararei.
HEBREUS 13.5

Deixe-me fazer uma declaração importante. Não há uma única ocasião em que Jesus não esteja falando. Nenhuma. Não há um só lugar em que Jesus não esteja presente. Nenhum. Não existe uma sala tão escura... um bar tão sujo... um escritório tão sofisticado, que o Amigo sempre-presente, acompanhante-constante, e implacavelmente terno, não esteja lá, batendo gentilmente à porta dos corações — esperando ser convidado a entrar.

Poucos ouvem a sua voz. Menos ainda chegam a abrir-lhe a porta. Mas nunca interprete nosso torpor como ausência dEle. Pois em meio às promessas transitórias de prazeres, está a promessa eterna de sua presença.

"Eis que eu estou convosco todos os dias, até à consumação dos séculos" (Mt 28.20)...

Não há coro tão alto que a voz de Deus não possa ser ouvida... se nos dispusermos a ouvi-la.

In the Eye of the Storm

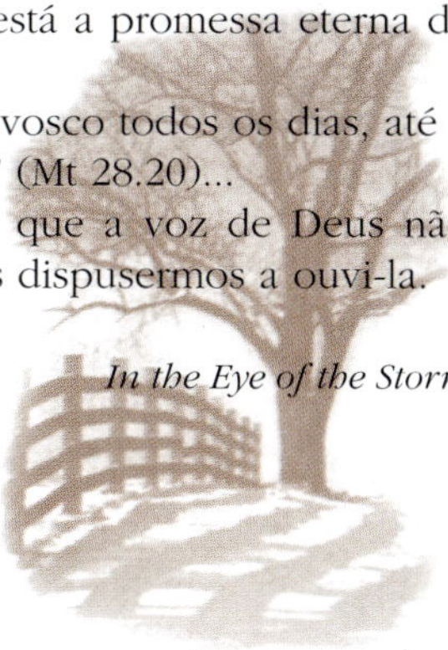

Por Causa do seu Presente

Para conhecê-lo, e a virtude da sua ressurreição, e a comunicação de suas aflições, sendo feito conforme a sua morte.
FILIPENSES 3.10

Trace o caminho do seu Salvador, o Deus que trocou a realeza celeste pela pobreza terrena. Sua cama tornou-se, na melhor das hipóteses, um catre emprestado, e usualmente, o chão duro. Ele dependia de doações para o seu sustento. Às vezes, ficava com tanta fome, que comia grãos crus, ou colhia frutos de uma árvore. Ele sabia o que significava não ter lar. Ele era ridicularizado. Seus vizinhos tentaram linchá-lo. Alguns o chamavam de lunático. Sua família tentou encerrá-lo em casa. Seus amigos nem sempre lhe eram fiéis.

Ele foi acusado de um crime que nunca cometeu. Testemunhas foram pagas para mentir. O júri era fraudulento. Um juiz, dominado pela política, assinou a pena de morte.

Eles o mataram.

E por quê? Por causa do presente que apenas Ele podia dar.

O Aplauso do Céu

Fazendo o que É Certo

Porque todo o que é nascido de Deus vence o mundo; e esta é a vitória que vence o mundo: a nossa fé.
1 JOÃO 5.4

Você fica impaciente com a própria vida, tentando vencer um hábito ou controlar um pecado, e, na sua frustração, começa a perguntar onde está o poder de Deus. Seja paciente. Deus está usando as dificuldades de hoje para fortalecer você para o amanhã. Ele está *equipando* você. O Deus que faz as coisas crescerem ajudará você a produzir frutos.

Apóie-se no fato de que Deus vive em você. Pense no poder que lhe dá vida. A compreensão de que Deus está habitando em você pode mudar os lugares que você deseja visitar hoje, e as coisas que deseja fazer.

Faça o que é certo esta semana, seja lá o que for, não importa o que cruze o seu caminho, ou que problemas e dilemas você enfrente — tão-somente faça o que é certo. Talvez ninguém mais esteja fazendo o que é certo, mas você faz. Seja honesto. Tome posição. Seja verdadeiro. Afinal, não importa o que você faça, Deus faz o que é certo: Ele o salva com a sua graça.

Walking with the Savior

A Bacia da Graça de Deus

O sangue de Jesus Cristo, seu Filho, nos purifica de todo pecado.
1 JOÃO 1.7

Conta-nos João que "estamos *sendo limpos* de todo pecado pelo sangue de Jesus". Noutras palavras, estamos *sempre sendo limpos.* A limpeza não é uma promessa para o futuro, mas uma realidade no presente. É só uma sujeirinha cair na alma de um santo, e é logo lavada. É só uma manchinha aparecer no coração de um filho de Deus, e será logo esfregada...

Nosso Salvador ajoelhou-se e fitou os atos mais escuros de nossas vidas. Mas em vez de recuar horrorizado, aproximou-se cheio de bondade, e prometeu: "Eu posso limpar isto, se você quiser". E da bacia de sua graça, Ele tira uma mão cheia de clemência, e lava o nosso pecado.

Porém isto não é tudo. Porque Ele nos perdoou, podemos perdoar aos outros.

Simplesmente como Jesus

Do próprio Céu

... vos vivificou juntamente com ele, perdoando-vos todas as ofensas, havendo riscado a cédula que era contra nós nas suas ordenanças, a qual de alguma maneira nos era contrária.

COLOSSENSES 2.13,14

Todas as religiões do mundo podem ser postas em um dos dois campos: legalismo ou graça. Ou o ser humano faz, ou Deus faz. Salvação como um pagamento baseado em feitos; ou salvação como uma dádiva baseada na morte de Cristo.

Um legalista acredita que a suprema força por trás da salvação é você. Se você tiver a aparência certa, falar corretamente e pertencer ao segmento certo do grupo certo, será salvo. O peso da responsabilidade não está sobre Deus, mas sobre você.

O resultado? O exterior brilha. A conversa é boa e o caminhar é verdadeiro. Não obstante, olhe atentamente. Ouça cuidadosamente. Alguma coisa está faltando. O que é? Alegria. O que há? Medo. (De não fazer o suficiente.) Arrogância. (De achar que fez o bastante.) Fracasso. (Por haver cometido um erro.)

A vida espiritual não é um empreendimento humano. Ela acha-se enraizada no Espírito Santo, e é orquestrada por Ele. Cada realização espiritual é criada e estimulada por Deus.

Ele ainda Remove Pedras

Deus Ouve nossas Orações

Os justos clamam, e o Senhor os ouve
e os livra de todas as suas angústias.
SALMOS 34.17

Quando um amigo contou a Jesus sobre a enfermidade de Lázaro, ele o fez da seguinte forma: "Mestre, aquele a quem o Senhor ama está enfermo". Ele não baseou o seu apelo no amor imperfeito do que se achava necessitado, mas no perfeito amor do Salvador. Ele não disse: "Aquele *que o ama* está enfermo", mas "Aquele *a quem o Senhor ama* está enfermo". Noutras palavras: o poder da oração não depende de quem fez a oração, mas de quem a ouviu.

Podemos e devemos repetir a frase de múltiplas maneiras. "Aquele a quem o Senhor ama está cansado, triste, com fome, solitário, apreensivo, deprimido". As palavras da oração variam, mas a resposta nunca muda. O Salvador ouve a oração. Ele silencia o céu para não perder uma palavra. Ele ouve a oração.

A Grande Casa de Deus

Noites Escuras — Luz Divina

Façam deprecações, orações, intercessões
e ações de graças por todos os homens.
1 TIMÓTEO 2.1

Você se pergunta se é uma bênção ou uma maldição possuir uma mente que nunca descansa. Mas você prefere ser um cínico que um hipócrita, então continua a orar com um olho aberto e a perguntar:

sobre crianças famintas

sobre o poder da oração

sobre cristãos em hospitais de câncer...

Duras questões. Perguntas que fazem entregar os pontos. Indagações que os discípulos devem ter feito na tempestade.

Todos eles podiam ver o céu escuro, enquanto chacoalhavam no barco avariado...

Então, um vulto caminhou para eles, andando sobre as águas. Não era o que eles esperavam... Eles quase perderam de vista a resposta às suas orações.

E, a menos que olhemos e ouçamos atentamente, nos arriscamos a cometer o mesmo erro. As luzes de Deus em nossas noites escuras são tão numerosas quanto as estrelas, se tão-somente olharmos para elas.

In the Eye of the Storm

O Manto de Humanidade

E tomou consigo a Pedro, e a Tiago, e a João e começou a ter pavor e a angustiar-se.
MARCOS 14.33

"O qual, nos dias da sua carne, oferecendo, com grande clamor e lágrimas, orações e súplicas ao que o podia livrar da morte..." (Hb 5.7).

Céus, que quadro! Jesus em sofrimento. Jesus em um dos estágios do medo. Jesus vestido não de santidade, mas de humanidade.

Da próxima vez que a perplexidade dominá-lo, você poderá recordar melhor a imagem de Jesus no jardim. Da próxima vez que você achar que ninguém entende, releia o capítulo 14 de Marcos. Da próxima vez que a autopiedade o convencer de que ninguém se importa, faça uma visita ao Getsêmani. E da próxima vez que perguntar se Deus realmente percebe a dor que prevalece neste planeta empoeirado, ouça-o suplicando entre as árvores retorcidas.

Seu Nome É Salvador

O Padrão

Na qual vontade temos sido santificados pela oblação do corpo de Jesus Cristo, feita uma vez.
HEBREUS 10.10

Apenas os santos verão a Deus. A santidade é um pré-requisito para o céu. A perfeição é uma exigência para a eternidade. Gostaríamos que não fosse. Agimos como se não fosse. Agimos como se aqueles que são "decentes" é que fossem ver a Deus. Sugerimos que aqueles que tentam duramente verão a Deus. Fazemos de conta que somos bons e que nunca fazemos nada de mal. E esta bondade é suficiente para qualificar-nos para o céu.

Parece correto para nós, mas não é correto para Deus. E Ele estabelece o padrão. E o padrão é elevado. "Sede vós, pois, perfeitos, como é perfeito o vosso Pai, que está nos céus" (Mt 5.48).

Veja bem: no plano de Deus, o próprio Deus é o padrão da perfeição. Não comparemos nós mesmos aos outros; eles se acham tão estragados quanto nós. A meta é ser igual a Ele; qualquer coisa menos que isto é inadequada.

Ele ainda Remove Pedras

Mais algumas Cenas

Tenho-vos dito isso, para que em mim tenhais paz; no mundo tereis aflições, mas tende bom ânimo; eu venci o mundo.
João 16.33

Deus não fez segredo. Ele contou-nos que, enquanto estivermos nesta estrada de tijolos amarelos (da vida), teremos preocupações. Doenças afligirão corpos. Divórcios partirão corações. A morte fará viúvas, e devastações destruirão países. Não devemos esperar nada menos. Porém, só porque o Diabo aparece e ri-se de nós, não precisamos nos apavorar.

Nosso Mestre fala de um feito concluído: "Está consumado" (Jo 19.30). A batalha terminou. Esteja alerta, mas não alarmado. O manuscrito foi publicado. O livro foi encadernado. Satanás está solto por um tempo, mas o tempo é bem curto... Apenas mais algumas cenas, só mais algumas voltas na estrada, e o seu fim chegará.

Quando Cristo Voltar

Um Toque Divino

E Jesus, estendendo a mão, tocou-o,
dizendo: Quero; sê limpo.
MATEUS 8.3

Oh, o poder de um toque divino! Você nunca o experimentou? O médico que tratou você, ou a professora que enxugou as suas lágrimas? Havia uma certa mão segurando a sua no funeral? Outra em seus ombros, durante o julgamento? Um aperto de mão de boas-vindas em um novo emprego?...

Não podemos oferecer o mesmo?

Muitos de vocês já o fizeram. Alguns de vocês têm o toque magistral do próprio Médico. Vocês usam as mãos para orar sobre o enfermo e ministrar ao fraco. Se vocês não os estão tocando pessoalmente, as suas mãos estão escrevendo cartas, discando telefones, assando bolos. Vocês aprenderam o poder de um toque.

Entretanto, alguns de nós tendem a esquecer. Nossos corações são bons; só que a nossa memória não é boa. Esquecemo-nos de quão significativo pode ser um toque..

Não nos alegramos por Jesus não cometer o mesmo erro?

Simplesmente como Jesus

Prioridades de Deus

Entrega o teu caminho ao Senhor;
confia nele, e ele tudo fará.
SALMOS 37.5

Deus compromete-se a cuidar das nossas necessidades. Paulo assevera que um homem que não alimenta a própria família é pior que um descrente (1 Tm 5.8). Quanto mais irá um Deus santo cuidar de seus filhos? Afinal, como poderemos cumprir a missão que nos confiou, se as nossas necessidades não são supridas? Como poderemos ensinar, ministrar, ou influenciar, se as nossas necessidades básicas não forem satisfeitas? Iria Deus alistar-nos em seu exército, e não nos fornecer provisões? Claro que não?

"Ora, o Deus de paz... vos aperfeiçoe em toda a boa obra, para fazerdes a sua vontade" (Hb 13.20,21). Esta oração não tem sido respondida em nossas vidas? Podemos não ter tido um banquete, mas não temos sempre o alimento? Talvez não haja banquete, mas ao menos há pão. E muitas vezes *houve* um banquete.

A Grande Casa de Deus

Filho de Deus

Vede quão grande caridade nos tem concedido o Pai: que fôssemos chamados filhos de Deus.
1 JOÃO 3.1

Deixe-me contar-lhe quem é você. Na verdade, deixe-me proclamar quem você é.

Você é um herdeiro de Deus e co-herdeiro com Cristo (Rm 8.17).

Você é imortal, como um anjo (Lc 20.36).

Você tem uma coroa que durará para sempre (1 Co 9.25).

Você é um sacerdote santo (1 Pe 2.5), uma propriedade valiosa (Êx 19.5)...

Porém, mais que qualquer uma destas coisas — mais significante que qualquer título ou posição — é o simples fato de que você é filho de Deus.

Somos realmente seus filhos.

Como resultado, se alguma coisa é importante para você, é importante para Deus.

Ele ainda Remove Pedras

Pegadas do Discipulado

Nisto todos conhecerão que sois meus discípulos, se vos amardes uns aos outros.
João 13.35

Observe um menininho seguindo seu pai na neve. Ele estica as pernas para pisar onde o pai pisou. Não é uma tarefa muito fácil. Suas pernas curtas estendem-se o quanto podem para que seus pés toquem as pegadas do pai.

O pai, vendo o que o filho está fazendo, sorri, e começa a dar passos mais curtos para que o filho os possa seguir.

Eis um quadro do discipulado.

Em nossa fé, seguimos os passos de alguém. Um pai, um professor, um herói — nenhum de nós é o primeiro a palmilhar a trilha. Todos temos alguém a quem seguimos.

Em nossa fé, deixamos pegadas para guiar outros. Um filho, um amigo, um novo convertido. Ninguém deve ser deixado para palmilhar sozinho a trilha.

Eis o princípio do discipulado.

The Inspirational Study Bible

Um Plano Inacreditável

E, achado na forma de homem,
humilhou-se a si mesmo, sendo obediente
até à morte e morte de cruz.
FILIPENSES 2.8

Quando mãos humanas fixaram com pregos as mãos divinas sobre a cruz... não foram os soldados que pregaram as mãos de Jesus. Foi Deus. Aquelas mesmas mãos que fizeram os oceanos e formaram as montanhas. Aquelas mesmas mãos que projetaram a alvorada e desenharam cada nuvem. Aquelas mesmas mãos que elaboraram um plano incrível para você e para mim.

Dê uma volta pela colina. Aproxime-se do Calvário. Achegue-se à cruz onde, com sangue santo, as mãos que puseram você no planeta escreveram a promessa: "Deus entregaria o próprio Filho antes de desistir de você".

Seis Horas de uma Sexta-feira

A Voz do Pastor

Não vos maravilheis disso, porque vem a hora em que todos os que estão nos sepulcros ouvirão a sua voz. E os que fizeram o bem sairão para a ressurreição da vida...
João 5.28,29

Virá um dia quando todos ouvirão a voz de Jesus. Virá um dia quando todas as outras vozes serão silenciadas; a voz de Cristo — e apenas a voz dEle — será ouvida.

Alguns ouvirão a sua voz pela primeira vez. Não é que Ele nunca tenha falado, mas simplesmente porque eles nunca ouviram. Por isso, a voz de Deus será a voz de um estranho. Eles a ouvirão uma vez — e nunca mais a ouvirão. Passarão a eternidade defendendo-se das vozes que seguiram na terra.

Outros, porém, serão chamados da sepultura por uma voz familiar. Eles são ovelhas que conhecem o seu pastor. São servos que abriram a porta quando Jesus bateu.

Então a porta será aberta novamente. E apenas dessa vez não será Jesus que entrará em nossa casa; seremos nós que entraremos na dEle.

In the Eye of the Storm

Abril

Fortalecei-vos no Senhor
e na força do seu poder.

–Efésios 6.10

Uma Confluência de Momentos

A este que vos foi entregue pelo determinado conselho e presciência de Deus, tomando-o vós, o crucificastes e matastes pelas mãos de injustos.
ATOS 2.23

A cruz não foi um acidente.

A morte de Jesus não foi o resultado de uma pane na engenharia cosmológica. A cruz não foi uma surpresa trágica. O Calvário não foi um reflexo rotuliano a um mundo que mergulhava de cabeça na destruição. Não foi um remendo ou uma medida tapa-buraco. A morte do Filho de Deus foi um acontecimento, mas não um risco inesperado.

Foi parte dẹ um plano incrível. Um escolha calculada.

No momento em que o fruto proibido tocou os lábios de Eva, a sombra de uma cruz surgiu no horizonte. E entre aquele momento e o momento em que o homem com o malho fincou o prego no pulso de Deus, um plano magistral foi cumprido.

Deus Chegou mais Perto

O Vulto de uma Cruz

João viu a Jesus... e disse: Eis o Cordeiro de Deus, que tira o pecado do mundo.
João 1.29

Jesus nasceu crucificado. Quando Ele se tornou cônscio de quem era, também tornou-se cônscio do que tinha a fazer. O vulto da cruz sempre pôde ser visto. E os gritos dos encarcerados no inferno sempre puderam ser ouvidos.

Isto explica o olhar de determinação em sua face, quando se dirigiu a Jerusalém pela última vez. Ele estava na sua marcha para a morte (Lc 9.51).

Isto explica a resolução nas palavras: "Por isso, o Pai me ama, porque dou a minha vida para tornar a tomá-la. Ninguém ma tira de mim, mas eu de mim mesmo a dou" (Jo 10.17,18).

Assim, chame como quiser: Um ato de graça. Um plano de redenção. O sacrifício de um mártir... Não importa como você chama a morte de Cristo. Mas não a chame de acidente. Ela foi um acontecimento, mas não por acaso.

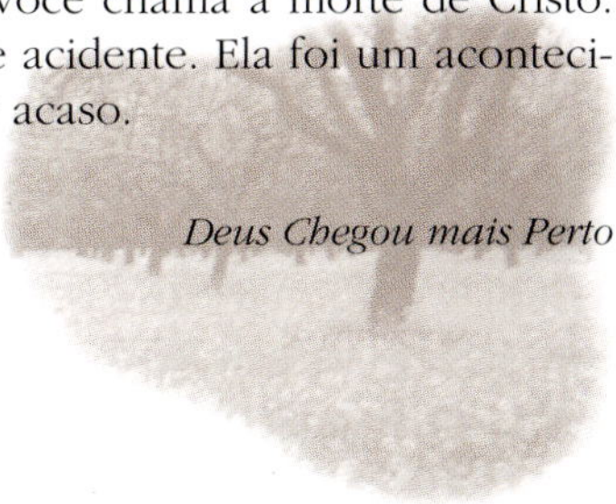

Deus Chegou mais Perto

Você Estava nas Orações dEle

E apartou-se deles cerca de um tiro de pedra;
e, pondo-se de joelhos, orava.
LUCAS 22.41

A última oração de Jesus foi sobre você. A sua última dor foi por sua causa. A sua última paixão, por você. Antes de subir à cruz, Jesus foi ao jardim. E quando Ele falou com o Pai, você estava em suas orações...

E Deus não pôde virar as costas a você. Não pôde porque olhou para você, e este olhar foi o que bastou para convencê-lo. Exatamente lá, no meio de um mundo que não era justo. Ele viu você ser lançado no curso de uma vida que não pediu. Ele viu você ser traído por aqueles a quem amava. Viu você com um corpo que fica doente, e um coração que enfraquece...

Na véspera da cruz, Jesus fez sua decisão. Ele preferiu ir ao inferno por você, a ir para o céu sem você.

And the Angels Were Silent

A Dívida Está Paga

Ainda que os vossos pecados sejam como a escarlata, eles se tornarão brancos como a neve; ainda que sejam vermelhos como o carmesim, se tornarão como a branca lã.
ISAÍAS 1.18

Quando Jesus nos ensinou a orar pedindo perdão pelas nossas dívidas, assim como perdoamos aos nossos devedores, Ele sabia quem haveria de pagar a dívida. Quando estivesse pendurado na cruz, Ele diria: "Está consumado"... a dívida está paga!

Existem alguns fatos que nunca mudarão. Um deles é que você está perdoado. Se você está em Cristo, quando Ele olha para você, seus pecados estão cobertos — Ele não os vê. Ele vê você melhor que você mesmo se vê. E este é um glorioso fato de sua vida.

Walking with the Savior

Um Coração Adorador

Ó, vinde, adoremos e prostremo-nos!
Ajoelhemos diante do Senhor que nos criou.
SALMOS 95.6

Adoração. Em dois mil anos ainda não deixamos de lado certas coisas. Ainda lutamos para achar as palavras certas na oração. Ainda nos atrapalhamos nas Escrituras. Não sabemos quando ajoelhar. Não sabemos quando ficar em pé. Não sabemos como orar.

Adorar é uma tarefa assustadora.

Por esta razão Deus nos deu os Salmos — um livro de orações para o povo de Deus. Cada um dos hinos e petições desta coleção está atado por um mesmo fio: um coração faminto de Deus.

Alguns são desafiadores; outros, reverentes. Alguns são para serem cantados; outros são orações. Alguns são intensamente pessoais; outros, escritos como se o mundo inteiro fosse usá-los...

A grande variedade deve lembrar-nos que a adoração é pessoal. Não existe fórmula secreta. O que move você pode bloquear outra pessoa. Cada um adora de um modo diferente. Mas todos devem adorar.

The Inspirational Study Bible

Solução do Céu

Mas, agora, vou para ti e digo isto
no mundo, para que tenham a minha alegria
completa em si mesmos.
João 17.13

O que Jesus sonhou fazer e o que Ele parecia capaz de fazer estavam separados por um abismo impossível. Então Jesus orou.

Não sabemos sobre o que Ele orou. Tenho, contudo, uma opinião... Ele orou pelo impossível.

Ou talvez eu esteja errado. Quem sabe, Ele não pediu nada. Pode ser que Ele tenha ficado quieto na presença do Soberano, e desfrutado da Majestade. Talvez Ele se tenha colocado diante do trono, cansado, e por alguns instantes tenha descansado.

Quem sabe, Ele levantou a cabeça da confusão desta terra o suficiente para ouvir uma solução do céu. Talvez Ele tenha sido recordado que corações duros não intimidam o Pai. O que representa problema para as pessoas não incomoda o Eterno.

In the Eye of the Storm

Uma Palavra de seus Lábios

Eis que vos dou poder...
e nada vos fará dano algum.
LUCAS 10.19

Muitos personagens apareceram no teatro do Getsêmani. Judas e sua traição. Pedro e sua espada. Os soldados e suas armas... E, embora estes fossem cruciais, não eram úteis. O encontro não era entre Jesus e os soldados; era entre Deus e Satanás.

Satanás atreve-se a entrar até em outro jardim, mas Deus resiste, e Satanás não tem um intercessor...

Na presença de Cristo, Satanás cai. Basta uma palavra de seus lábios, e o mais excelente exército deste mundo entra em colapso.

Satanás é calado na proclamação de Cristo. Nenhuma vez o Inimigo falou, sem que Jesus o convidasse. Diante de Cristo, Satanás não tem nada a dizer.

Contra a proteção de Cristo, Satanás é impotente.

Quando Jesus afirma que manterá você a salvo, Ele realmente o faz. O inferno terá de passar por Ele para chegar a você. Jesus é capaz de protegê-lo. Quando Ele promete que levará você para casa, Ele o levará.

Ouvindo Deus na Tormenta

A Fé Enxerga o Salvador

Fortalecei-vos no Senhor e na força do seu poder.
Efésios 6.10

Parei a alguns passos de um espelho, e vi a face de um homem que falhou... que desapontou o seu Criador. Mais uma vez, eu prometera não fazer, mas fiz. Fiquei quieto quando deveria ter sido ousado. Tomei assento; quando deveria ter tomado posição.

Se esta fosse a primeira vez, seria diferente. Mas não foi. Quantas vezes alguém pode falhar e esperar ser pego?...

Seus olhos fitam um espelho e vêem um pecador, um fracassado, alguém incapaz de manter promessas. Não obstante, pela fé, você olha no espelho e vê um pródigo vestido de manto, ostentando no dedo o anel da graça, e na face, o beijo do Pai...

Os seus olhos vêem as suas faltas. A sua fé vê o seu Salvador.

Os seus olhos contemplam as suas culpas. A sua fé, o sangue dEle.

Quando Deus Sussurra o seu Nome

Balança Inclinada

... e conhecer o amor de Cristo,
que excede todo entendimento,
para que sejais cheios
de toda a plenitude de Deus.
Efésios 3.19

Não foi certo os pregos furarem as mãos que formaram o mundo. E não foi certo o Filho de Deus ser forçado a ouvir o silêncio do Pai.

Não foi certo, mas aconteceu.

Enquanto Cristo estava na cruz, Deus cruzou os braços. Virou as costas. Ignorou os gritos de um inocente.

Deus sentou-se em silêncio, enquanto os pecados do mundo eram postos sobre seu Filho. E Ele não fez nada quando um brado, um milhão de vezes doloroso, ecoou no céu escuro: "Deus meu, Deus meu, por que me desamparaste?"

Foi certo? Não
Foi justo? Não
Foi amor? Sim.

O Aplauso do Céu

Coração Partido

E, vendo a multidão, teve grande compaixão deles, porque andavam desgarrados e errantes como ovelhas que não têm pastor.
MATEUS 9.36

Não posso entender. Honestamente não posso. Por que Jesus morreu sobre a cruz? Oh, eu sei, eu sei. Tenho ouvido as respostas oficiais. "Para satisfazer a lei antiga". "Para cumprir as profecias". E estas respostas estão certas. Estão, sim. Porém há algo mais aqui. Algo realmente compassivo. Alguma coisa anelante. Alguma coisa pessoal.

O que é?

Seria porque o coração dEle foi partido por todos aqueles que lançaram os olhos desesperados ao céu escuro, e deram o mesmo brado "Por quê?" Seria porque o coração dEle foi partido pelo sofrimento?...

Eu o imagino curvando-se até aqueles que sofrem. Eu o imagino escutando. Visualizo os seus olhos cheios d'água, e a sua mão furada limpando uma lágrima... Ele, que uma vez esteve sozinho, compreende.

Seu Nome É Salvador

Amor Pendurado numa Cruz

Porque Deus amou o mundo de tal maneira que deu o seu Filho unigênito, para que todo aquele que nele crê não pereça, mas tenha a vida eterna.
João 3.16

Ele olhou em volta na colina, e previu uma cena. Três figuras penduras em três cruzes. Braços abertos. Cabeças pendidas. Elas gemiam com o vento.

Homens vestidos de soldados sentaram-se no chão, perto do trio...

Mulheres vestidas de luto acotovelaram-se ao pé do monte... faces estriadas de lágrimas.

Todo o céu preparou-se para lutar. Toda a natureza levantou-se para socorrer. Toda a eternidade dispôs-se a proteger. Mas o Criador não deu ordem.

"Deve ser feito...", disse Ele, e retirou-se.

O anjo tornou a falar: "Seria menos doloroso se..."

O Criador interrompeu suavemente: "Mas não seria amor".

In the Eye of the Storm

A Mensagem de Deus para o Homem

E, quando Jesus tomou o vinagre, disse: Está consumado. E, inclinando a cabeça, entregou o espírito.
JOÃO 19.30

"Está consumado".

Pare um instante e ouça. Deixe as palavras permearem seu coração. Imagine o lamento da cruz. O céu está escuro. As outras duas vítimas estão gemendo. As bocas zombadoras da multidão estão caladas. Talvez haja um trovão. Talvez haja pranto. Talvez haja silêncio. Então Jesus dá um profundo suspiro, firma os pés nos cravos romanos, e brada: "Está consumado!"

O que estava consumado?

A longa história do plano para redimir o homem estava terminada. A mensagem de Deus para o homem estava encerrada. O trabalho feito por Jesus na terra, como homem, estava completo... O aguilhão da morte fora removido. Estava acabado.

Seu Nome É Salvador

A Chave da nossa Fé

Porque, se cremos que Jesus morreu e ressuscitou, assim também aos que em Jesus dormem Deus os tornará a trazer com ele.
1 TESSALONICENSES 4.14

Para qualquer seguidor de Cristo, a promessa é simplesmente esta: A ressurreição de Jesus é prova e pré-estréia da nossa.

Mas podemos confiar na promessa? A ressurreição é uma realidade? É verdadeira a reivindicação do túmulo vazio? Esta não é apenas uma boa questão. É *a* questão. Como Paulo escreveu: "Se Cristo não ressuscitou, é vã a vossa fé, e ainda permaneceis nos vossos pecados" (1 Co 15.17). Noutras palavras: se Cristo ressuscitou, os seus seguidores unir-se-ão a Ele; senão, os seus seguidores são loucos. A ressurreição, então, é a chave de abóbada no arco da fé cristã.

Quando Cristo Voltar

Uma Nobre Motivação

E, no fim do sábado, quando já despontava
o primeiro dia da semana, Maria Madalena
e a outra Maria foram ver o sepulcro.
MATEUS 28.1

Não foi a esperança que guiou Maria Madalena e a outra Maria montanha acima, rumo ao túmulo. Foi o dever. Simples devoção. Elas não esperavam nada em troca. O que Jesus poderia lhes dar? O que poderia um homem morto oferecer? As duas mulheres não estavam subindo a montanha para receber; estavam indo ao túmulo para ofertar. Ponto final.

Não há motivação mais nobre.

Serviço instigado pelo dever. Esta é a chamada do discipulado.

Ele ainda Remove Pedras

Uma Tarefa Santa

E, quanto fizerdes por palavras ou por obras, fazei tudo em nome do Senhor Jesus.
Colossenses 3.17

Maria Madalena e a outra Maria sabiam que uma tarefa precisava ser feita — o corpo de Jesus tinha de ser preparado para o sepultamento. Pedro não se ofereceu para fazê-lo. André não se apresentou como voluntário... Então, as duas Marias decidiram fazê-lo.

Pergunto-me se no meio do caminho elas não sentaram e reconsideraram. E se elas olhassem uma para a outra, e dessem de ombros: "O que é o ritual?" E se elas tivessem desistido? E se uma delas houvesse jogado os braços para o alto e lamentado: "Estou cansada de ser a única que se importa. Deixe André fazer alguma coisa para variar. Deixe Natanael mostrar alguma liderança".

Quer elas tenham sido tentadas ou não, alegro-me que não tenham desistido. Teria sido trágico. Veja bem, nós sabemos de algo que elas não sabiam. Nós sabemos que o Pai estava vendo. Maria Madalena e a outra pensavam que estivessem sozinhas. Não estavam. Achavam que a sua caminhada não fora notada. Estavam enganadas. Deus sabia.

Ele ainda Remove Pedras

O Único Caminho

Eu sou o caminho, e a verdade, e a vida.
Ninguém vem ao Pai senão por mim.
João 14.6

Tolerância. Uma virtude apreciada em nossos dias. A habilidade de compreender aqueles de quem você difere é um sinal de sofisticação. Jesus também era um campeão de tolerância:

- Tolerante com os discípulos quando estes duvidavam.
- Tolerante com as multidões, quando o compreendiam mal.
- Tolerante conosco, quando falhamos.

Contudo, existe uma área onde Jesus era intolerante. Uma área onde Ele era incomplacente e dogmático.

No que lhe dizia respeito, quando se tratava de salvação, não havia muitos meios — havia apenas um. Não havia muitos caminhos — havia apenas um. E o caminho é o próprio Jesus.

É por isso que é tão difícil para as pessoas acreditarem em Jesus. É bem mais fácil considerá-lo uma, dentre muitas opções, que considerá-lo *a* opção. Tal filosofia, porém, não é opção.

Ouvindo Deus na Tormenta

Insuficiência de Fundos

Mas, àquele que não pratica, porém crê naquele que justifica o ímpio, a sua fé lhe é imputada como justiça.
Romanos 4.5

Se Jesus não nos tivesse coberto com a sua graça, cada um de nós teria ficado sem fundos no banco do céu. Quando se tratasse de bondade, teríamos fundo insuficiente. Santidade inadequada. Deus requer um certo saldo de virtudes em nossa conta, e este é mais do que qualquer um de nós possui. Nossa conta de santidade revela insuficiência de fundos, e somente os santos verão ao Senhor. O que fazer?

Podemos tentar fazer alguns depósitos. Talvez se eu acenar ao meu vizinho, ou elogiar o meu cônjuge, ou ir à igreja no próximo domingo, conseguirei algum fundo. Mas como você saberá se já fez o suficiente?...

Se você está tentando justificar o seu extrato, esqueça a paz. Você está tentando justificar uma conta que não pode ser justificada... "É Deus quem [nos] justifica" (Rm 8.33).

A Grande Casa de Deus

Perfeição não, Perdão sim

Àquele que não conheceu pecado,
o fez pecado por nós; para que, nele,
fôssemos feitos justiça de Deus.
2 CORÍNTIOS 5.21

Não foram os romanos que crucificaram Jesus. Não foram os pregos que cravaram Jesus no madeiro. O que o pendurou na cruz foi a convicção de que era necessário que Ele se fizesse pecado — Ele, que era puro, se tornasse pecado, e a ira de Deus fosse derramada, não sobre a criação, mas sobre o Criador.

Quando aquEle que não conheceu pecado tornou-se pecado por nós, quando o sem pecado foi coberto com os pecados do mundo inteiro, Deus não convocou o seu exército de anjos para o livrar. Não o fez, porque sabia que preferia entregar seu Filho a desistir de nós.

Apesar do que você fez, não é tarde demais. Não obstante a distância onde você caiu, não é tarde demais. Não importa quão profundo seja o seu erro, não é tarde demais para cavar, puxá-lo fora, e deixar você livre.

O que faz de alguém um cristão não é a perfeição, mas o perdão.

Walking with the Savior

Indagações Cochichadas

Eis que a virgem conceberá e dará à luz um filho,
e ele será chamado pelo nome de Emanuel.
(Emanuel traduzido é: Deus conosco).
Mateus 1.23

O espaço em branco entre os versículos da Bíblia é solo fértil para as indagações. Dificilmente alguém lê as Escrituras sem cochichar: "Será que..."

"Será que Eva comeu outros frutos?"

"Será que Noé dormiu bem durante as tempestades?"...

Contudo, existe em nossas ponderações uma pergunta que nunca precisamos fazer: Deus se importa? Somos importantes para Deus? Ele realmente ama seus filhos?

Através da pequena face do bebê nascido na estrebaria, Ele responde: Sim.

Sim, seus pecados estão perdoados.

Sim, o seu nome está escrito no céu.

E, sim, Deus adentrou este mundo. Emanuel. Deus conosco.

Ele ainda Remove Pedras

O Fogo de nosso Coração

Deleito-me em fazer a tua vontade,
ó Deus meu; sim, a tua lei
está dentro do meu coração.
SALMOS 40.8

Quer conhecer a vontade de Deus para a sua vida? Então responda a esta pergunta: O que lhe incendeia o coração? Órfãos esquecidos? Nações não alcançadas? O centro da cidade? Os subúrbios?

Preste atenção ao fogo interior!

Você tem paixão por cantar? Então cante! Você é impulsionado a administrar? Então administre! Você sofre pelos doentes? Então cuide deles! Você se aflige pelos perdidos? Então oriente-os!

Quando jovem, senti a chamada para pregar. Sem estar certo de haver compreendido a vontade de Deus para mim, busquei o conselho de um ministro a quem admirava. Seu conselho ainda ressoa de forma verdadeira: "Não pregue", disse ele, "a menos que o tenha de fazer".

Enquanto ponderava em suas palavras, achei minha resposta: "Eu tenho de pregar. Se não o fizer, o fogo me consumirá".

Qual é o fogo que consome você?

A Grande Casa de Deus

Uma Agenda Desimpedida

Porém ele retirava-se para os desertos e ali orava.
LUCAS 5.16

Quanto tempo faz que você deixou Deus ter você?

Se eu realmente quero dizer *ter* você? Quanto tempo faz desde que você lhe deu uma porção de tempo não diluída, sem interrupção, para ouvir a sua voz? Aparentemente, Jesus o fazia. Ele empenhava-se deliberadamente em gastar tempo com Deus.

Gaste tempo lendo sobre a vida de escuta de Jesus, e o que surge é um modelo distinto. Ele despendia tempo orando e ouvindo. Sublinhe isto: "E, levantando-se de manhã muito cedo, estando ainda escuro, saiu, e foi para um lugar deserto, e ali orava" (Mc 1.35).

Deixe-me perguntar o óbvio. Se Jesus, o Filho de Deus, o Salvador da humanidade, achava que valia a pena reservar tempo em sua agenda para orar, não deveríamos ser sábios para fazer o mesmo?

Simplesmente como Jesus

A Composição Magna de Deus

Mas sabemos que, quando ele se manifestar,
seremos semelhantes a ele;
porque assim como é o veremos.
1 JOÃO 3.2

Quando você chegar ao céu algo maravilhoso acontecerá. Uma transformação final terá lugar. Você será exatamente como Jesus...

De todas as bênçãos do céu, uma das maiores será você! Você será a composição magna de Deus, a sua obra de arte. Os anjos vão suspirar. A obra de Deus estará completa. Finalmente, você terá um coração igual ao dEle.

Você amará com um amor perfeito.

Você adorará com uma face radiante.

Você ouvirá cada palavra que Deus pronunciar.

O seu coração será puro, as suas palavras serão como jóias, e os seus pensamentos, como tesouros.

Você será simplesmente como Jesus. Você terá, finalmente, um coração igual ao dEle.

Simplesmente como Jesus

Amizade com Deus

Já vos não chamarei servos...
mas tenho-vos chamado amigos.
João 15.15

Através do sacrifício de Cristo, o nosso passado está perdoado, e o nosso futuro, seguro. E, "sendo, pois, justificados pela fé, temos paz com Deus" (Rm 5.1).

Paz com Deus. Que feliz conseqüência da fé! Não simplesmente paz entre países, paz entre vizinhos, ou paz no lar; salvação traz paz com Deus...

Deus não é mais um antagonista, mas um amigo. Estamos em paz com Ele.

Nas Garras da Graça

Confissão Gera Paz

Bem-aventurado aquele cuja transgressão é perdoada, e cujo pecado é coberto.
SALMOS 32.1

Se já fomos perdoados, por que Jesus ensinou-nos a orar "Perdoa as nossas dívidas"?

Pela mesma razão que você gostaria que seus filhos o fizessem. Se as minhas filhas violam um dos meus padrões, ou desobedecem uma de minhas regras, eu não as rejeito. Não as chuto para fora de casa, nem lhes digo para trocar de sobrenome. Mas espero que sejam honestas e se desculpem. E até que o façam, a ternura de nosso relacionamento sofrerá. A natureza do relacionamento não será alterada, mas a intimidade sim.

O mesmo acontece em nosso andar com Deus. Confissão não cria um relacionamento com Deus; simplesmente o nutre. Se você é um crente, a admissão de seus pecados não altera a sua posição perante Deus, mas aumenta a sua paz com Ele.

A Grande Casa de Deus

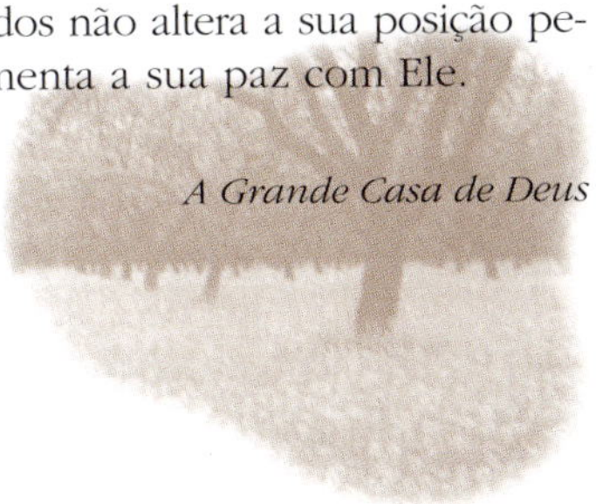

No Íntimo de cada um

Porque as suas coisas invisíveis, desde a criação do mundo, tanto o seu eterno poder como a sua divindade, se entendem e claramente se vêem pelas coisas que estão criadas.

ROMANOS 1.20

O julgamento divino, no dia do retorno de Cristo, baseia-se na resposta da humanidade à mensagem recebida. Ele nunca nos responsabilizará por aquilo que não nos disse. Ao mesmo tempo, não deixará que morramos sem dizer-nos alguma coisa. Até mesmo aqueles que nunca ouviram sobre Cristo receberam uma mensagem sobre o caráter de Deus. "Os céus manifestam a glória de Deus" (Sl 19.1).

A natureza é a primeira missionária de Deus. Onde não há Bíblia, há estrelas brilhando. Onde não há pregadores, há primaveras... Se a pessoa não tiver nada, mas tiver a natureza, esta será suficiente para transmitir-lhe algo a respeito de Deus. Como afirmou Paulo: "... no fundo de seus corações eles sabem fazer a diferença entre o certo e o errado. As leis de Deus estão escritas dentro deles; a própria consciência os acusa ou, por vezes, os desculpa... Chegará o dia quando, por ordem divina, Jesus Cristo julgará a vida íntima de todos, seus pensamentos e seus motivos mais secretos" (Rm 2.14-16, Bíblia Viva).

Quando Cristo Voltar

Caráter Produz Coragem

Esforçai-vos, e ele fortalecerá o vosso coração, vós todos os que esperais no Senhor.
SALMOS 31.24

Uma lenda hindu conta de um rato que tinha terror de gatos, até que um mágico concordou em transformá-lo em um gato. Isto resolveu o seu medo... até ele encontrar um cachorro. Então o mágico transformou-o num cachorro. O rato-transformado-em-gato-transformado-em-cachorro viveu contente até encontrar um tigre. Então, novamente, o mágico transformou-o naquilo que ele temia. Mas quando o tigre veio reclamar que encontrara um caçador, o mágico recusou-se a ajudar. "Vou transformá-lo em rato novamente, porque, embora você tenha um corpo de tigre, o seu coração ainda é o de um rato".

Soa familiar? Quantas pessoas você conhece que construíram um exterior formidável, apenas para tremer de medo por dentro? Enfrentamos com vigor os nossos temores, ou... armazenamos bens. Buscamos segurança em coisas. Cultivamos fama e procuramos *status*.

Mas isto funciona?

A coragem é uma proeminência do que você é. Suportes exteriores podem sustentar temporariamente, mas apenas o caráter íntimo produz coragem.

O Aplauso do Céu

Um Único Espécime

Pois possuíste o meu interior;
entreteceste-me no ventre de minha mãe.
SALMOS 139.13

Há um suéter em meu armário que eu raramente uso. É pequeno demais... Eu deveria jogar fora aquele suéter, mas o *amor* não me deixa...

É a criação de uma mãe devotada expressando o seu amor. Cada fio de lã foi escolhido com cuidado. Cada linha, selecionada com afeição... É valiosa, não por sua função, mas por causa de sua criadora.

Deve ter sido isto que o salmista tinha em mente, quando escreveu: "entreteceste-me no ventre de minha mãe".

Pense nestas palavras. Você foi entretecido. Você não é um acidente. Você não veio de uma produção em massa. Você não é produto de uma linha de montagem.

Você foi deliberadamente planejado, especificamente dotado e amorosamente posto nesta terra pelo Artesão Superior. Num sistema que estima o valor de um ser humano pelo vulto de seu salário, ou pela forma de suas pernas... deixe-me dizer-lhe algo: o plano de Jesus é uma razão para a alegria!

O Aplauso do Céu

A Voz da Graça

E disse-lhe Jesus: Em verdade te digo que hoje estarás comigo no Paraíso.
Lucas 23.43

Diga-me, o que o ladrão na cruz fez para receber ajuda? Ele tinha desperdiçado a vida. Quem era ele para implorar perdão? Ele zombara publicamente de Jesus. Que direito tinha de orar: "Jesus, lembra-te de mim, quando entrares no teu Reino"?

Quer realmente saber? O mesmo direito que você tem.

Veja bem, lá estamos você e eu sobre a cruz. Nus, desolados, sem esperança, e apartados. Somos nós. Somos nós pedindo...

Não nos orgulhamos. Não produzimos nossa lista. Qualquer sacrifício parece tolo quando posto perante Deus numa cruz...

Nós, como o ladrão, temos mais uma oração. E, assim como o ladrão, oramos.

E, como o ladrão, ouvimos a voz da graça.

Ele ainda Remove Pedras

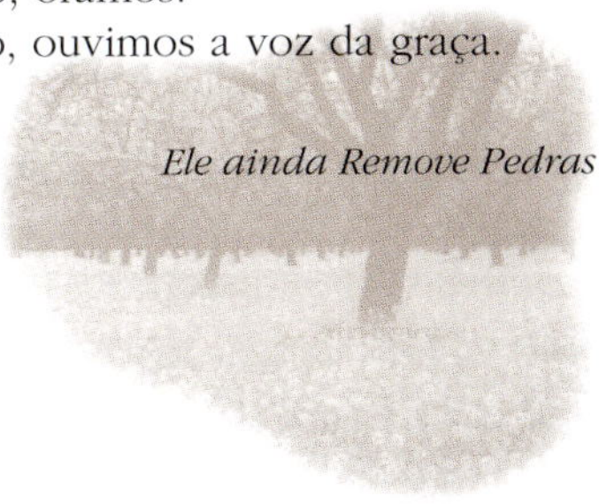

Espiritualidade de Segunda Mão

Chegai-vos a Deus, e ele se chegará a vós.
TIAGO 4.8

Alguns de nós têm tentado fazer um devocional diário, e não têm obtido sucesso. Outros têm dificuldade em concentrar-se. E todos somos ocupados. Assim, em vez de passarmos tempo com Deus, ouvindo a sua voz, deixamos que outros o façam, e então nos beneficiamos de sua experiência. Deixamos que nos contem o que Deus está dizendo. Afinal, não é para isto que servem pregadores?

Se esta é a sua atitude, se a suas experiências espirituais são de segunda mão, e não de primeira, gostaria de desafiar você com este pensamento: Você faz isto com outras áreas de sua vida?

Você não faz isto com férias. Você não faz isto com romance. Você não deixa outra pessoa comer por você, deixa? Certas coisas ninguém pode fazer por você.

E uma delas é despender tempo com Deus.

Simplesmente como Jesus

Mendigos Carentes de Pão

O pão nosso de cada dia dá-nos hoje. Perdoa-nos as nossas dívidas, assim como nós perdoamos aos nossos devedores.
Mateus 6.11,12

Somos pecadores carentes de graça, lutadores necessitados de força. Jesus ensinou-nos a orar: "Perdoa as nossas dívidas... e não nos deixe cair em tentação".

Todos já cometemos erros, e todos cometeremos mais alguns. A linha que separa os melhores de nós dos piores é muito tênue, portanto é sábio levar a sério a admoestação de Paulo: "Mas tu, por que julgas teu irmão? Ou tu, também, por que desprezas teu irmão? Pois todos havemos de comparecer ante o tribunal de Cristo" (Rm 14.10).

Sua irmã gostaria que eu o recordasse de que ela carece de graça. Do mesmo modo que você precisa de perdão, ela também precisa. Há circunstâncias, em todo relacionamento, em que é prejudicial buscar justiça; cobrar a dívida apenas atiça o fogo. Em certas ocasiões, o melhor a fazer é aceitar o seu irmão, e oferecer-lhe a mesma graça que lhe foi dada.

A Grande Casa de Deus

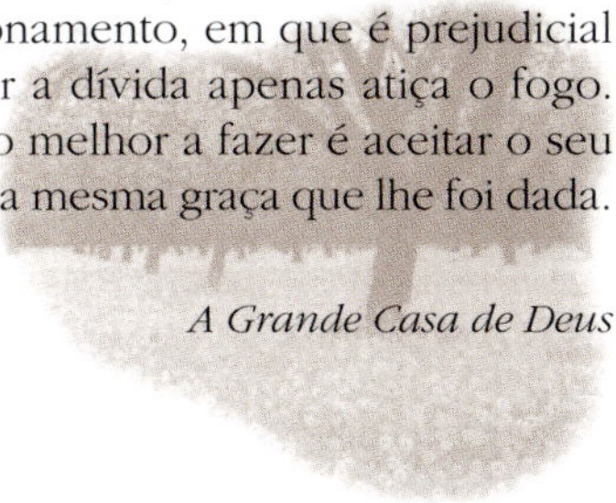

Maio

Lâmpada para os meus pés é tua palavra e luz, para o meu caminho.

—Salmos 119.105

Orações São Jóias Preciosas

Porque os olhos do Senhor estão sobre os justos,
e os seus ouvidos, atentos às suas orações.
1 PEDRO 3.12

Você e eu vivemos num mundo barulhento. Conseguir a atenção de alguém não é tarefa simples. A pessoa deve estar disposta a pôr tudo de lado para ouvir; desligar o rádio, afastar-se do monitor, dobrar o canto da página e guardar o livro. É um privilégio quando alguém dispõe-se a silenciar todas as coisas a fim de ouvir-nos claramente. De fato, é um raro privilégio.

Suas orações são honradas no céu como jóias preciosas. Purificadas e autorizadas, as palavras sobem numa deliciosa fragrância ao nosso Senhor. Suas palavras não param até alcançar o trono de Deus.

As suas orações na terra ativam o poder de Deus no céu, e a vontade de Deus é feita na terra, assim como no céu...

Suas preces movem Deus a mudar o mundo. Você pode não entender o segredo da oração. Você não precisa entender. Porém esta máxima é bastante clara: As ações no céu começam quando alguém na terra ora.

A Grande Casa de Deus

Nós Olhamos para Deus

E respondeu-lhe Pedro e disse: Senhor, se és tu, manda-me ir ter contigo por cima das águas.
Mateus 14.28

Pedro não está testando Jesus; está lhe suplicando. Pisar num mar tempestuoso não é um ato de lógica; é um ato de desespero. Pedro agarrou a borda do barco. Passou uma perna por cima... depois a outra. Vários passos foram dados. Era como se houvesse um caminho rochoso sob os seus pés. No final dessa trilha, está a face entusiasmada de um amigo que nunca diz "morra".

Fizemos o mesmo, não fizemos? Viemos a Cristo numa hora de grande necessidade. Abandonamos o barco das boas obras. Compreendemos que esforços humanos não nos salvará. Então olhamos para Deus em desespero. Compreendemos que todas as boas obras do mundo são fracas quando postas diante do Perfeito.

In the Eye of the Storm

Às Vezes Deus Diz não

Perseverai em oração, velando
nela com ação de graças.
COLOSSENSES 4.2

Você pode imaginar as conseqüências de um pai atendendo cada pedido de cada filho, durante uma viagem? Ficaríamos com a barriga inchada, parando em cada sorveteria...

Você pode imaginar o caos, se Deus cedesse a cada pedido nosso?

"Porque Deus não nos *destinou* para a ira, mas para a aquisição da salvação, por nosso Senhor Jesus Cristo" (1 Ts 5.9, ênfase minha).

Observe o destino de Deus para a sua vida: salvação.

O desejo maior de Deus é que você alcance este destino. Seu itinerário inclui paradas que encorajam a sua jornada. Ele desaprova as paradas que detêm você. Quando os planos soberanos dEle colidem com os seus planos terrenos, uma decisão deve ser tomada. Quem está no controle da jornada?

Se Deus deve escolher entre a sua satisfação terrena e a sua salvação celeste, o que você espera que Ele escolha?

Eu também.

In the Eye of the Storm

Paixão e Plano Divinos

Lâmpada para os meus pés é tua palavra e luz, para o meu caminho.
SALMOS 119.105

O propósito da Bíblia é simplesmente proclamar o plano de Deus para salvar seus filhos. Ela declara que o homem está perdido e precisa ser salvo. Também comunica a mensagem de que Jesus é Deus encarnado, enviado para salvar seus filhos.

Embora tenha sido escrita há mais de dezesseis séculos, por mais ou menos quarenta autores, a Bíblia possui um tema central — salvação através da fé em Cristo. Iniciada por Moisés, no solitário deserto da Arábia, e encerrada por João, na deserta ilha de Patmos, ela é costurada por uma forte linha: a paixão de Deus e o seu plano para salvar seus filhos.

Que verdade essencial! Entender o propósito da Bíblia é como assestar a bússola na direção certa. Calibre-a corretamente, e você viajará seguro. Mas falhe ao ajustá-la, e sabe-se lá onde você vai parar.

How to Study the Bible

Sem Culpa

Quem intentará acusação contra os escolhidos de Deus? É Deus quem os justifica.
ROMANOS 8.33

Cada momento de sua vida, o seu acusador está reunindo acusações contra você. Ele tem registrado cada erro e sublinhado cada escorregão. Tente esquecer seu passado; ele o lembrará a você. Tente desfazer seus erros; ele o frustrará.

Esta testemunha astuciosa não tem meta mais elevada que levar você ao tribunal, e impor acusações. Quem é ela? O Diabo.

Ele afronta: "Este que você chama de filho, Deus, não vale nada".

Enquanto ele fala, você inclina a cabeça. Você não tem defesa. Suas acusações são justas. "Confesso-me culpado, Vossa Senhoria", murmura você.

"Qual a sentença?", indaga Satanás.

"O salário do pecado é a morte", explica o Juiz, "mas neste caso, a morte já ocorreu. Porque este morreu com Cristo".

Satanás, de repente, silencia. E você, repentinamente, jubila. Você esteve diante do Juiz, e ouviu dEle a declaração: "Sem culpa".

Nas Garras da Graças

Deus Está no Comando

Maior é o que está em vós
do que o que está no mundo.
1 JOÃO 4.4

Satanás não tem poder, exceto o que Deus lhe dá.

À igreja do primeiro século, que estava em Esmirna, Cristo avisou: "Nada temas das coisas que hás de padecer. Eis que o diabo lançará alguns de vós na prisão, para que sejais tentados; e tereis uma tribulação de dez dias. Sê fiel até à morte, e dar-te-ei a coroa da vida" (Ap 2.10).

Analise por um minuto as palavras de Jesus. Ele informou a igreja sobre a perseguição, a duração da mesma (dez dias), a razão para ela (testá-los) e o seu resultado (uma coroa de vida). Noutras palavras, Ele usa Satanás para fortificar sua Igreja.

Até quando parece vencer, Satanás perde.

A Grande Casa de Deus

A Graça nos Ensina

O qual se deu a si mesmo por nós, para nos remir de toda iniqüidade e purificar para si um povo seu especial, zeloso de boas obras.
TITO 2.14

Alguma vez, conscientemente, transigimos à noite, sabendo que pela manhã poderíamos nos confessar?

É fácil ser como o sujeito em visita a Las Vegas que ligou para o pregador, querendo saber os horários dos cultos de domingo. O pregador ficou impressionado: "A maioria das pessoas que vêm a Las Vegas não se preocupa em ir à igreja".

"Oh, não estou pensando na igreja. Estou pensando nos jogos, nas festas e nas mulheres fantásticas. Se eu tiver metade da diversão que pretendo ter, precisarei de uma igreja no domingo de manhã".

É esta a intenção da graça? É meta de Deus promover a desobediência? Improvável. "Porque a graça de Deus se há manifestado, trazendo salvação a todos os homens, ensinando-nos que, renunciando à impiedade e às concupiscências mundanas, vivamos neste presente século sóbria, justa e piamente" (Tt 2.11,12). A graça de Deus libertou-nos do egoísmo. Por que retornar a ele?

Nas Garras da Graça

Saia da Cadeira do Juiz

Com o juízo com que julgardes sereis julgados.
MATEUS 7.2

Condenamos um homem por cambalear esta manhã, mas não vimos os golpes que ele levou ontem. Julgamos uma mulher por andar mancando, mas não enxergamos a tachinha em seu sapato. Zombamos do temor em seus olhos, mas não fazemos idéia de quantas pedras eles têm-se esquivado, ou de quantos dardos têm escapado.

Eles são muito espalhafatosos? Talvez temam ser negligenciados outra vez. São tímidos demais? Quem sabe, sentem medo de cair novamente. São muito lentos? Pode ser que tenham caído na última vez que correram. Você não sabe. Apenas aquEle que acompanhou os seus passos de ontem pode ser o seu juiz.

Não apenas somos ignorantes a respeito de ontem, mas também ignoramos o amanhã. Ousaríamos julgar um livro enquanto os capítulos não tivessem sido escritos? Devemos dar um veredicto sobre uma pintura, enquanto o artista ainda segura os pincéis? Como podemos rejeitar um alma, antes que o trabalho de Deus esteja completo? "Aquele que em vós começou a boa obra a aperfeiçoará até ao Dia de Jesus Cristo" (Fp 1.6).

Nas Garras da Graça

Ouvindo Deus

Mandamento sobre mandamento, mandamento e mais mandamento, regra sobre regra, regra e mais regra: um pouco aqui, um pouco ali.
ISAÍAS 28.10

Equipados com a ferramenta certa podemos aprender a ouvir Deus. Que ferramentas são estas? Eis aqui algumas que descobri serem úteis:

Um tempo e um lugar regulares. Selecione um horário em sua agenda e um canto em seu mundo, e reivindique-os para Deus. Para alguns, pode ser melhor fazer isto pela manhã. Outros preferem à noite.

A segunda ferramenta que você precisa é *uma Bíblia aberta.* Deus nos fala através da sua Palavra. O primeiro passo ao ler a Bíblia é pedir a Deus que o ajude a entendê-la. Não vá às Escrituras procurando as suas próprias idéias; busque as de Deus.

Há uma terceira ferramenta. Não carecemos apenas de um tempo regular e de uma Bíblia aberta, mas também de um *coração ouvinte.* Se você deseja ser igual a Jesus, deixe Deus possuir você. Despenda tempo ouvindo-o, até receber a lição para o dia — e então, aplique-a.

Simplesmente como Jesus

A Fé Encontra Graça

Cheguemo-nos com verdadeiro coração, em inteira certeza de fé; tendo o coração purificado da má consciência.
HEBREUS 10.22

A fé não nasce na mesa de negociações, onde trocamos nossas dádivas pela bondade de Deus. A fé não é um prêmio dado ao mais instruído. Não é uma recompensa oferecida ao mais disciplinado. Não é um título outorgado ao mais religioso.

Fé é um mergulho desesperado, do barco naufragado do esforço humano, e uma oração para que Deus esteja lá a fim de puxar-nos para fora da água. O apóstolo Paulo escreveu acerca desta fé:

"Porque pela graça sois salvos, por meio da fé; e isso não vem de vós; é dom de Deus. Não vem das obras, para que ninguém se glorie" (Ef 2.8,9).

A força suprema na salvação é a graça de Deus.

In the Eye of the Storm

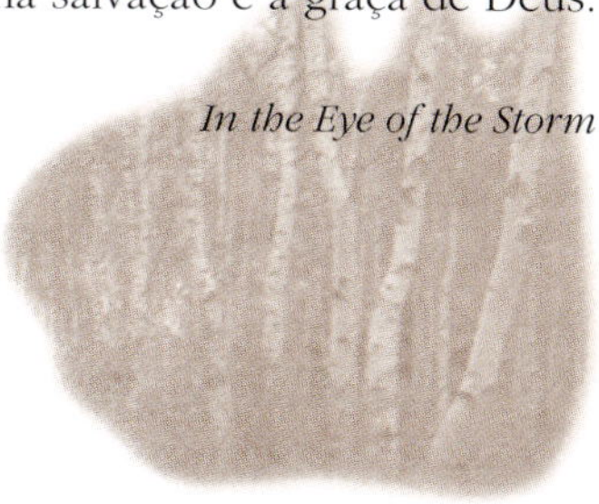

Graça Especificada

O Senhor conhece os que são seus.
2 TIMÓTEO 2.19

Imagine o evento. Você está diante do trono do julgamento de Cristo. O livro é aberto e a leitura começa — cada pecado, cada mentira, cada ocasião de destruição e ganância. Mas tão logo a infração é lida, graça é proclamada...

O resultado? O veredicto misericordioso de Deus ecoará no universo. Pela primeira vez na história, entenderemos a profundidade da sua benevolência. Graça especificada. Bondade catalogada. Perdão registrado. Estaremos de pé, reverentemente, enquanto um pecado após outro é proclamado, e então perdoado.

O Diabo recuará derrotado. Os anjos darão um passo à frente, em reverência. E nós, os santos, cresceremos na graça de Deus. À medida que vemos o quanto Ele nos perdoou, veremos o quanto Ele nos ama. E nós o adoraremos.

O resultado será a primeira comunidade genuína de pessoas perdoadas. Apenas um é merecedor do aplauso do céu, e este é aquEle com as mãos e os pés marcados pelos cravos.

Quando Cristo Voltar

Um Alto Padrão

Prossigo para o alvo, pelo prêmio da soberana vocação de Deus em Cristo Jesus.
FILIPENSES 3.14

Na maior parte da minha vida, eu fui um relaxado.

Então me casei...

Matriculei-me em um programa de doze passos para relaxados. ("Meu nome é Max, eu odeio tirar pó".) Um terapeuta físico ajudou-me a redescobrir os músculos usados para pendurar camisas. Meu nariz foi reapresentado à fragrância de Pinho Sol.

Então chegou o momento da verdade. Denalyn foi passar uma semana fora. Inicialmente, reverti ao primeiro homem. Pensei em ser um porcalhão por seis dias, e asseado no sétimo. Porém, algo estranho ocorreu; um curioso desconforto. Não podia relaxar com pratos sujos na pia.

O que se passara comigo? Simples. Eu havia sido exposto a um alto padrão.

Não foi isto que aconteceu conosco? Antes de Cristo, a nossa vida era fora de controle, suja e indulgente. Nem mesmo sabíamos que éramos porcalhões, até encontrá-lo. De repente, descobrimo-nos desejando agir corretamente. Voltar à antiga bagunça? Está brincando!

Nas Garras da Graça

Uma Questão Pessoal

E ele lhes disse: Mas vós quem dizeis que eu sou?
MARCOS 8.29

Jesus virou-se para os discípulos e lançou-lhes a questão. *A* questão. "Mas vós quem dizeis que eu sou?"

Ele não perguntou: "O que vocês acham do que eu fiz?" Ele indagou: "Quem vocês dizem que sou?"

Ele não perguntou: "Quem os seus amigos pensam?... Quem os seus pais acham?... Quem os seus colegas imaginam?..." Em vez disso, Ele propôs uma questão totalmente pessoal: "Quem vocês pensam que sou?"

Você tem sido indagado de algumas questões importantes em sua vida:

Você se casará comigo?

Você está interessado numa transferência?

O que você pensaria se eu lhe dissesse que estou grávida?

Você tem enfrentado questões importantes. Contudo, a maior delas é um formigueiro quando comparada ao Evereste encontrado no capítulo 8 de Marcos.

Quem vós dizeis que eu sou?

The Inspirational Study Bible

As Montanhas de Deus

A minha graça te basta, porque o meu poder se aperfeiçoa na fraqueza.
2 CORÍNTIOS 12.9

Existem certas montanhas que somente Deus pode escalar.

Não que você não seja bem-vindo a tentar, mas você simplesmente é incapaz.

Se a palavra Salvador está em sua descrição de trabalho, é porque você a colocou lá. O seu papel é ajudar o mundo, não salvá-lo. O monte Messias é uma montanha que não cabe a você escalar.

Nem o monte da Auto-suficiência. Você não é capaz de governar o mundo, nem de sustentá-lo. Alguns de vocês acham que podem. Vocês são feitos por si mesmos. Vocês não dobram os joelhos; vocês simplesmente arregaçam as mangas e se lançam em outro dia de 12 horas... que pode ser suficiente quando se trata de ganhar a vida ou desenvolver um negócio. Entretanto, quando você enfrentar o próprio túmulo, ou a própria culpa, o seu poder não funcionará.

A Grande Casa de Deus

A Solução Correta

Mas o justo viverá da fé.
ROMANOS 1.17

No momento, não me sinto muito esperto. Peguei o avião errado, que me levou à cidade errada, e deixou-me no aeroporto errado. Eu queria ir para o leste ao invés de o oeste, e acabei em Houston em vez de Denver.

Não parecia ser o avião errado, mas era. Atravessei o portão errado, cochilei no vôo errado, e acabei no lugar errado.

Paulo afirma que todos fizemos a mesma coisa. Não com aviões e aeroportos, mas com nossas vidas e Deus. Ele diz aos leitores de Romanos:

"Não há um justo, nem um sequer" (Rm 3.10).

"Porque todos pecaram e destituídos estão da glória de Deus" (Rm 3.23).

Estamos todos no lugar errado, declara ele. Todos nós. Gentios e judeus. Todas as pessoas tomaram o rumo errado. E precisamos de ajuda... As soluções erradas são o prazer e o orgulho (Rm 1 e 2); a solução correta é Jesus Cristo (Rm 3.21-26).

The Inspirational Study Bible

Isto não É Lar

Não sois do mundo,
antes eu vos escolhi do mundo.
JOÃO 15.19

Todos nós sabemos o que é estar numa casa que não é nossa. Talvez você tenha passado algum tempo numa república ou num quartel. Talvez você tenha dormido em um quarto de hotel, ou numa beliche de albergue. Eles têm camas. Têm mesa. Eles podem ter comida e ser aquecidos, mas estão longe de ser a "casa de seu pai".

A casa de seu pai é onde o seu pai está.

Nem sempre nos sentimos bem-vindos aqui na terra. Perguntamo-nos se há um lugar aqui para nós. As pessoas podem fazer com que nos sintamos indesejáveis. Tragédias deixam-nos com um sentimento de intrusos. Estranhos. Forasteiros numa terra que não é nossa. Nem sempre nos sentimos bem-vindos aqui.

E não deveríamos. Esta não é a nossa casa. Sentir-se mal acolhido não é trágico. Na verdade, é saudável. Não estamos em casa, aqui. Esta língua que falamos não é a nossa. Este corpo que usamos não é o nosso. E o mundo onde vivemos... isto não é lar.

Ouvindo Deus na Tormenta

Não Há Momentos não Sagrados

Porque nós somos cooperadores de Deus.
1 CORÍNTIOS 3.9

É realmente um dia maravilhoso quando deixamos de trabalhar para Deus, e começamos a trabalhar com Deus.

Durante anos, enxerguei Deus como um compassivo diretor-executivo, e o meu papel, como um leal representante de vendas. Ele tinha o seu escritório, e eu, o meu território. Eu podia contatá-lo o quanto quisesse. Ele era sempre um telefone ou fax distante. Ele me encorajava, reanimava e me dava suporte, mas nunca ia comigo. Pelo menos, nunca achei que o fizesse. Então, li 1 Coríntios 3.9: "Porque nós somos cooperadores de Deus".

Cooperadores? Co-trabalhadores? Deus e eu trabalhando juntos? Imagine a mudança que esta verdade cria. Em vez de nos reportar a Deus, trabalhamos *com* Ele. Ao invés de nos apresentarmos a Ele, e então sair, apresentamo-nos a Ele, e então o seguimos. Estamos sempre na presença de Deus. Não há um momento que não seja sagrado!

Simplesmente como Jesus

Achado, Chamado e Adotado

Não necessitam de médico os sãos, mas sim, os doentes... Eu não vim para chamar os justos, mas os pecadores, ao arrependimento.
Mateus 9.12,13

Deus não olha para nossas vidas exaustas e diz: "Morrerei por você, quando você merecer".

Não, a despeito de nossos pecados, diante de nossa rebelião, Ele escolheu adotar-nos. E para Deus, não há volta atrás. A sua graça é uma promessa venha-como-está, vinda de um Rei único. Você foi achado, chamado e adotado; então, confie em seu Pai, e reivindique este versículo como seu: "Mas Deus prova o seu amor para conosco em que Cristo morreu por nós, sendo nós ainda pecadores" (Rm 5.8). E nunca mais você terá que indagar quem é o seu pai — você foi adotado por Deus, e é, portanto, um "herdeiro de Deus por Cristo" (Gl 4.7).

Nas Garras da Graça

Ao Alcance de suas Orações

Se Deus é por nós, quem será contra nós?
ROMANOS 8.31

A questão não é simples. "Quem será contra nós?" Você pode responder esta: Quem é contra você? Enfermidades, inflação, corrupção, esgotamento. Enfrentamento de calamidades, temores de prisão. Pela indagação de Paulo, "Quem será contra nós?", podemos mais facilmente alistar nossos antagonistas que enfrentá-los. Entretanto, não é esta a questão. A questão é: Se DEUS É POR NÓS, *quem será contra nós?*

Deus é por você. Seus pais podem ter esquecido você. Seus professores podem ter negligenciado você. Seus irmãos podem envergonhar-se de você. Contudo, ao alcance de suas orações está o criador dos oceanos. Deus!

Nas Garras da Graça

Deus Está Irado com o Mal

Mortificai, pois, os vossos membros
que estão sobre a terra: a prostituição,
a impureza, o apetite desordenado,
a vil concupiscência e a avareza, que é idolatria;
pelas quais coisas vem a ira de Deus
sobre os filhos da desobediência.
Colossenses 3.5,6

Muitos não entendem a fúria de Deus, porque confundem a ira divina com a ira humana. Ambas têm bem pouco em comum. A ira do homem é tipicamente auto-impulsionada, e propensa a explosões de temperamento e atos violentos. Ficamos furiosos porque somos deixados de lado, negligenciados ou enganados. Esta é a ira do homem. Ela não é, contudo, a ira de Deus.

Deus não se ira porque as coisas não saem do jeito dEle. Deus se ira porque a desobediência sempre resulta em autodestruição. Que tipo de pai fica sentado, assistindo a seu filho machucar-se?

Nas Garras da Graça

Deus Conhece Você pelo Nome

Eis que, na palma das minhas mãos,
te tenho gravado.
ISAÍAS 49.16

Que pensamento fantástico, não? O seu nome na mão de Deus. O seu nome nos lábios de Deus. Talvez você tenha visto seu nome em lugares especiais. Num prêmio, ou num diploma... Mas pense que o seu nome está na mão ou nos lábios de Deus... Puxa, será?

Ou talvez você nunca tenha visto o seu nome honrado. E você não se lembra de quando o ouviu ser pronunciado com bondade. Se assim é, pode ser mais difícil para você acreditar que Deus sabe o seu nome.

Mas Ele sabe. Escrito em sua mão. Pronunciado por sua boca. Sussurrado por seus lábios. O seu nome.

Quando Deus Sussurra o seu Nome

A Breve Jornada da Vida

Como a sombra são os nossos dias sobre a terra.
2 CRÔNICAS 29.15

Ele, que "vive para sempre", pôs-se a si mesmo à frente de um bando de peregrinos que resmunga: "Até quando, Senhor?" (Sl 89.46)

"Até quando devo suportar esta doença?"

"Até quando devo aturar este cônjuge?"

"Até quando devo agüentar este salário?"

Você realmente quer que Deus responda? Ele poderia, como você sabe. Ele poderia responder em termos de aqui e agora, com incrementos de tempo que conhecemos. "Mais dois anos de doença". "O resto de sua vida neste casamento". "Mais dez anos com este salário".

No entanto, Ele raramente faz isto. Geralmente Ele opta por medir o *aqui e agora* contra o *lá e então*. E quando você compara *esta* vida com *aquela* vida, esta não é longa.

In the Eye of the Storm

Guardem a Unidade

Ora, o Senhor encaminhe o vosso coração
na caridade de Deus e na paciência de Cristo.
2 TESSALONICENSES 3.5

"Nisto todos conhecerão que sois meus discípulos, se vos amardes uns aos outros" (Jo 13.35). Pare e pense um minuto neste versículo. Seria a unidade a chave para alcançar o mundo para Cristo?

Se a unidade é a chave para o evangelismo, não deveria ela ser prioridade em nossas orações? Não deveríamos nós, como Paulo, dizer: "procurando guardar a unidade do Espírito pelo vínculo da paz" (Ef 4.3). Se a unidade é importante para Deus, não deveria sê-lo para nós? Se a unidade tem primazia no céu, não deveria ter também na terra?

Em nenhuma parte, no entanto, nos é dito para *construir* unidade. Simplesmente somos mandados a *guardar* a unidade. Da perspectiva de Deus, há apenas "um rebanho e um pastor" (Jo 10.16). Unidade não precisa ser criada; precisa simplesmente ser protegida.

Como fazemos isto? Isto significa transigir com nossas convicções? Não. Significa abandonar as verdades que apreciamos? Não. Mas significa olhar longa e duramente as atitudes que tomamos.

Nas Garras da Graça

Tristeza pelo Pecado

Se confessarmos os nossos pecados,
ele é fiel e justo para nos perdoar os pecados
e nos purificar de toda injustiça.
1 JOÃO 1.9

"Se confessarmos os nossos pecados..." A maior palavra nas Escrituras pode simplesmente ser uma de apenas duas letras: *se.* Pois confessar pecados — admitir faltas — é exatamente o que os prisioneiros do orgulho recusam fazer.

"Eu, um pecador? Oh, claro, tenho sido desordeiro de vez em quando, mas sou um bom rapaz."

"Ouça, sou tão bom quanto o sujeito ao lado. Pago meus impostos..."

Justificação. Racionalização. Comparação... Isto soa bem. Soa familiar. Soa até patriótico. No Reino, porém, soa oco...

Quando experimentar tristeza por seus pecados, quando admitir que não tem outra opção... então lance sobre Ele todos os seus cuidados, porque Ele está esperando.

O Aplauso do Céu

Encontrando Coragem na Graça

Mas, por isso, alcancei misericórdia,
para que em mim, que sou o principal,
Jesus Cristo mostrasse toda a sua longanimidade,
para exemplo dos que haviam de crer
nele para a vida eterna.
1 Timóteo 1.16

Durante os primeiros dias da guerra civil americana, um soldado da União foi preso, acusado de deserção. Incapaz de provar sua inocência, foi condenado e sentenciado à morte. Sua súplica foi parar na mesa de Abraham Lincoln. O presidente teve compaixão do soldado, e outorgou-lhe o perdão. O soldado retornou ao serviço, lutou durante toda a guerra, e foi morto na última batalha. No bolso de sua camisa foi encontrada a carta assinada pelo presidente.

Junto ao coração do soldado estavam as palavras de perdão do seu líder. Ele achou coragem na graça. Pergunto-me quantos milhares mais encontraram coragem na cruz brasonada de seu reino celeste.

Nas Garras da Graça

Deus ainda Vem

Perto está o Senhor dos que têm o coração quebrantado e salva os contritos de espírito.
SALMOS 34.18

"Porque tudo que dantes foi escrito para nosso ensino foi escrito", declara Paulo, "para que, pela paciência e consolação das Escrituras, tenhamos esperança" (Rm 15.4).

Não são apenas historinhas de escola dominical. Não são fábulas românticas. São momentos históricos, nos quais um Deus real experimentou dor real, para que pudéssemos responder a indagação: "Onde está Deus quando sofremos?"

Como Deus reage diante da esperança despedaçada? Leia a história de Jairo. Como o Pai se sente a respeito daqueles que estão enfermos? Coloque-se ao lado dele no tanque de Betesda. Você deseja que Deus fale ao seu coração solitário? Então ouça enquanto Ele fala aos dois discípulos no caminho de Emaús.

Ele não está fazendo isto apenas por eles. Está fazendo isto por mim. Está fazendo por você.

O Deus que falou ainda fala. O Deus que veio ainda vem. Ele vem para o nosso mundo. Ele vem para o seu mundo. Ele vem para fazer o que você não pode.

Ele ainda Remove Pedras

Intimidade com o Todo-Poderoso

Como o cervo brama pelas correntes das águas,
assim suspira a minha alma por ti, ó Deus!
SALMOS 42.1

Jesus não agia até ver o Pai agir. Ele não julgava até ouvir o Pai julgar. Nenhum ato ou feito acontecia sem a orientação do Pai.

Porque Jesus podia ouvir o que os outros não podiam, Ele agia de modo diferente deles. Lembra-se de quando todos estavam preocupados sobre o cego de nascença? Jesus não estava. De algum modo Ele sabia que a cegueira revelaria o poder de Deus (Jo 9.3). Recorda-se de quando todos estavam perturbados com a doença de Lázaro? Jesus não estava. Era como se Ele pudesse ouvir algo que ninguém mais podia. Jesus tinha comunhão ininterrupta com o Pai.

Você imagina que Deus deseja o mesmo para nós? Absolutamente! Deus deseja ter com você a mesma intimidade permanente que possuía com o Filho.

Simplesmente como Jesus

Um Trabalho em Desenvolvimento

O qual vos confirmará também até ao fim, para serdes irrepreensíveis no Dia de nosso Senhor Jesus Cristo.
1 Coríntios 1.8

Deus ainda não terminou com você. Oh, você pode achar que sim. Você pode pensar que chegou ao máximo. Você pode achar que Ele tem outra pessoa para fazer o trabalho.

Se assim é, pense outra vez.

"Tendo por certo isto mesmo: que aquele que em vós começou a boa obra a aperfeiçoará até ao Dia de Jesus Cristo" (Fp 1.6).

Você vê o que Deus está fazendo? *Uma boa obra em você.*

Você vê quando Ele terminará? *Quando Cristo voltar.*

Posso decifrar a mensagem? *Deus ainda não terminou com você.*

Quando Deus Sussurra o seu Nome

O Amor Odeia o Mal

E muitos dos que dormem no
pó da terra ressuscitarão,
uns para a vida eterna e outros
para vergonha e desprezo eterno.
Daniel 12.2

O inferno tem algum propósito? Remova-o da Bíblia e, ao mesmo tempo, remova qualquer noção de um Deus justo e de uma Escritura fidedigna.

Se não há inferno, Deus não é justo. Se não há punição para o pecado, o céu é indiferente em relação aos estupradores, os saqueadores e assassinos da sociedade. Se não há inferno, Deus é cego para com as vítimas, e virou as costas àqueles que clamam por socorro. Se não há ira sobre o mal, Deus não é amor, pois o amor odeia o mal.

Dizer que não há inferno é dizer que Deus é mentiroso, e a sua Escritura, falsa. A Bíblia afirma, repetida e resolutamente, o resultado dualístico da história. Uns serão salvos; outros, perdidos.

Quando Cristo Voltar

Além de nossas Faltas

E Jesus, saindo, viu uma grande multidão e, possuído de íntima compaixão para com ela, curou os seus enfermos.
MATEUS 14.14

Mateus escreve que Jesus "curou os seus enfermos". Não *alguns* de seus enfermos. Não os *justos* dentre os enfermos. Não os *merecedores* dentre os enfermos. Mas *os enfermos.*

Certamente, dentre tantos milhares, havia algumas pessoas indignas de uma boa saúde. A mesma divindade que dava a Jesus o poder de curar dava-lhe também o poder de perceber. Pergunto-me se Jesus foi tentado a dizer ao intolerante: "Saia daqui, rapaz, e leve sua arrogância com você".

E Ele podia ver não apenas o seu passado, mas também o seu futuro.

Sem dúvida, havia gente na multidão que usaria a sua nova condição saudável para prejudicar os outros. Jesus destravou línguas que, algum dia, amaldiçoariam. Deu vista a olhos que cobiçariam. Curou mãos que matariam...

Cada vez que Jesus curava, Ele tinha a visão do passado e do futuro.

De qualquer modo, alguma coisa Ele fazia.

In the Eye of the Storm

Tocar Sublimemente

Eu te louvarei, porque de um modo terrível e tão maravilhoso fui formado.
SALMOS 139.14

Antônio Stradivari foi um fabricante de violino do século XVII, cujo nome na forma latina, *Stradivarius*, tornou-se sinônimo de excelência. Certa vez, ele afirmou que fazer um violino inferior ao seu melhor era roubar a Deus, pois Deus não podia fazer violinos de Antônio Stradivari, sem Antônio.

Ele estava certo. Deus não podia fazer violinos Stradivarius sem Antônio Stradivari. Àquele artesão foram dados certos talentos que nenhum outro fabricante de violinos recebeu.

Pela mesma disposição, há certas coisas que você pode fazer, que ninguém mais pode. Talvez sejam cuidados paternais, ou construir casas, ou encorajar o desanimado. Há coisas que *apenas você* pode fazer, e você está vivo para fazê-las. Na grande orquestra que chamamos vida, você tem um instrumento e uma canção, e você deve a Deus, o mais sublimemente, tocá-las.

O Aplauso do Céu

Junho

As [coisas] que se vêem são temporais, e as que se não vêem são eternas.

–2 Coríntios 4.18

A Palavra Favorita de Deus

E disse-lhes: Vinde após mim.
MATEUS 4.19

Deus é um Deus convidativo. Ele convidou Maria a ser a mãe de seu filho. Convidou os discípulos a serem pescadores de homens, a mulher adúltera a começar de novo, e Tomé a tocar as suas feridas. Deus é o Rei que prepara o palácio, põe a mesa, e convida seus súditos a entrar.

De fato, parece que a sua palavra favorita é *venha*.

"*Venha*, vamos conversar sobre isto. Ainda que os seus pecados sejam como escarlate, podem tornar-se brancos como a neve."

"Todos vocês que estão com sede, *venham* e bebam."

"*Venham* a mim todos os que estão cansados e carregam cargas pesadas; eu lhes darei descanso"...

Deus é um Deus que convida. Deus é um Deus que chama.

And the Angels Were Silent

O Ramo e a Videira

Estai em mim, e eu, em vós; como a vara de si mesma não pode dar fruto, se não estiver na videira, assim também vós, se não estiverdes em mim.
JOÃO 15.4

Deus quer estar tão unido a nós quanto um ramo na videira. Um é a extensão do outro. É impossível dizer onde começa um e termina o outro. O ramo não é conectado apenas no momento de dar frutos. O jardineiro não mantém o ramo numa caixa, e então, no dia em que deseja uvas, gruda-o à videira. Não, o ramo constantemente retira nutrição da videira.

Deus também usa o templo para representar a intimidade que Ele deseja. "Ou não sabeis", indaga Paulo, "que o nosso corpo é o templo do Espírito Santo, que habita em vós, proveniente de Deus, e que não sois de vós mesmos?" (1 Co 6.19)

Medite um instante comigo a respeito do templo. Deus não vem e vai, aparece e desaparece. Ele é uma presença permanente, sempre disponível.

Que boa notícia incrível para nós! NUNCA estamos longe de Deus!

Simplesmente como Jesus

Um Herói Oculto

Sei estar abatido e sei também ter abundância;
em toda a maneira e em todas as coisas,
estou instruído, tanto a ter fartura
como a ter fome, tanto a ter abundância
como a padecer necessidade.
FILIPENSES 4.12

Dê uma olhada na prisão. Contemple Paulo: curvado e frágil, algemado ao braço de um soldado romano. Observe o apóstolo de Deus.

Sem um tostão furado. Sem família. Sem propriedade. Míope e esgotado.

Não parece um herói.

E nem fala como se o fosse. Ele apresentou-se como o pior pecador da história. Foi um matador de cristãos, antes de ser um líder deles. Nas vezes em que o coração de Paulo estava demasiadamente pesado, a sua pena entorpecia a si própria através da página: "Miserável homem que eu sou! Quem me livrará do corpo desta morte?" (Rm 7.24)

Só Deus sabe até onde ele debateu-se com a questão, antes de criar coragem para desafiar a lógica e responder: "Dou graças a Deus por [salvar-me através de] Jesus Cristo, nosso Senhor" (Rm 7.25).

Quando Deus Sussurra o seu Nome

O PODER Pode Ser Doloroso

A sabedoria deste mundo
é loucura diante de Deus.
1 CORÍNTIOS 3.19

O poder vem de diversas formas.

É o marido que recusa ser amável com a esposa.

É o empregado que coloca a ambição pessoal sobre a própria integridade.

É a esposa que regula o sexo para punir e persuadir.

Pode ser o tirar a vida de alguém, ou o tirar a vez de alguém...

Porém tudo é soletrado da mesma forma: P-O-D-E-R. E todos têm a mesma meta: "Conseguirei o que quero às suas custas".

E todos têm o mesmo fim: futilidade. Poder absoluto é inalcançável. E quando você chegar ao topo — se houver um topo — o único caminho a seguir é para baixo. E a descida é geralmente dolorosa.

Daqui a mil anos, terá importância o título que o mundo lhe deu? Não, mas fará uma enorme diferença saber de quem você é filho.

O Aplauso do Céu

A Mão Poderosa de Deus

Porque nele foram criadas todas as coisas
que há nos céus e na terra, visíveis e invisíveis.
COLOSSENSES 1.16

Com uma decisão, a história começou. A existência tornou-se mensurável.

Do nada veio a luz;

Da luz veio o dia.

Então veio o céu... e a terra.

E nesta terra? Uma mão poderosa começou a trabalhar.

Abismos foram esculpidos. Oceanos foram cavados. Montanhas irromperam de planícies. Estrelas foram espalhadas. Um universo cintilou.

Olhe para os abismos, e veja o esplendor do Criador. Toque as flores, e sinta a sua delicadeza. Ouça o trovão, e escute o seu poder...

Hoje você encontrará a criação de Deus. Quando enxergar a beleza à sua volta, deixe cada detalhe lembrar você de levantar a cabeça em louvor. Expresse a sua apreciação pela criação de Deus. Encoraje outros a ver a beleza da sua criação.

In the Eye of the Storm

O mais Velho e mais Escolhido

E até à velhice eu serei o mesmo
e ainda até às cãs eu vos trarei; eu o fiz,
e eu vos levarei, e eu vos trarei e vos guardarei.
ISAÍAS 46.4

Envelhecer pode ser perigoso. A trilha é traiçoeira e as armadilhas são muitas. É sábio estar preparado. Você sabe que está chegando. Não é como se Deus deixasse o processo em segredo. Não é como se você estivesse abrindo uma trilha à medida que envelhece. Não é como se ninguém houvesse passado por isto antes. Olhe à sua volta. Você tem amplas oportunidades de preparar-se e muitos casos a considerar. Se a velhice o pegar de surpresa, não culpe a Deus. Ele lhe deu muitas advertências. Também lhe deu muitos conselhos.

Os seus últimos capítulos podem ser os seus melhores. A sua última canção pode ser a mais notável. Pode ser que toda a sua vida o tenha preparado para um grande final. Os mais velhos de Deus estiveram sempre entre os mais escolhidos.

Ele ainda Remove Pedras

Deus o Levará para Casa

As [coisas] que se vêem são temporais,
e as que se não vêem são eternas.
2 CORÍNTIOS 4.18

Para alguns, a jornada tem sido longa. Realmente longa e tempestuosa. Não pense que minimizo as dificuldades que você tem enfrentado ao longo do caminho. Alguns de vocês têm suportado cargas que poucos de nós poderíamos carregar. Vocês disseram adeus a companheiros de toda a vida. Sonhos para a vida toda lhes foram roubados. Vocês receberam corpos que não podem suster o seu espírito. Vocês têm cônjuges que não toleram a sua fé. Vocês têm contas maiores que o cheque de pagamento, e desafios que excedem a sua força.

E vocês estão cansados.

É difícil para você enxergar a Cidade em meio à tormenta. O desejo de encostar à beira da estrada e pular fora tenta você. Você quer continuar, mas, em alguns momentos, a estrada parece tão longa...

Deixe-me encorajá-lo. Deus nunca disse que a jornada seria fácil, mas garantiu que a chegada valeria a pena.

In the Eye of the Storm

Posto à Parte

Não sabeis vós que a amizade do mundo
é inimizade contra Deus?
TIAGO 4.4

João Batista dificilmente teria um ministério bem-sucedido hoje. Nenhuma igreja o convidaria. Como relações públicas, ele era um desastre. Ele "andava vestido de pêlos de camelo e com um cinto de couro em redor de seus lombos, e comia gafanhotos e mel silvestre" (Mc 1.6). Quem iria querer olhar para um rapaz desse jeito, todos os domingos?

A sua mensagem era tão rude quanto a sua vestimenta: um desafio absurdo, de punho em riste, convocando ao arrependimento porque o reino de Deus estava próximo.

João Batista pôs-se à parte para uma tarefa: ser a voz de Cristo. Tudo a respeito de João centrava-se em seu propósito. Suas vestes. Sua dieta. Suas ações. Suas demandas.

Você não tem de ser igual ao mundo para impactá-lo. Você não tem de ser igual à multidão para mudá-la. Você não tem de descer ao nível deles para elevá-los ao seu. A santidade não visa a ser esquisita; visa a ser igual a Deus.

Ouvindo Deus na Tormenta

Deus Honra nossas Escolhas

Todos nós andamos desgarrados como ovelhas; cada um se desviava pelo seu caminho.
ISAÍAS 53.6

Como pode um Deus amoroso mandar gente para o inferno? Esta é uma indagação comum. A pergunta revela, por si só, algumas concepções errôneas.

Primeiro, Deus não *manda* gente para o inferno. Ele simplesmente honra a escolha de cada um. O inferno é a expressão máxima da elevada consideração de Deus pela dignidade do homem. Ele nunca nos forçou a escolhê-lo, mesmo que isto significasse escolhermos o inferno.

Não, Deus não "manda" gente para o inferno. E a segunda concepção errada é que Ele manda *gente* para o inferno.

A palavra "gente" é neutra, subentendendo inocência. Em parte alguma a Bíblia ensina que pessoas inocentes são condenadas. Gente não vai para o inferno. Pecadores é que vão. Os rebeldes vão. Os egoístas vão. Então, como pode um Deus amoroso mandar gente para o inferno? Ele não manda. Ele simplesmente honra a escolha dos pecadores.

Quando Cristo Voltar

Sentenças Curtas

E, orando, não useis de vãs repetições,
como os gentios, que pensam que,
por muito falarem, serão ouvidos.
MATEUS 6.7

Adoro sentenças curtas. As que se seguem foram tiradas de alguns de meus livros. Guarde aquelas que apreciar. Perdoe as outras. Partilhe-as quando puder.

Ore o tempo todo. Se necessário, use palavras.

Deus esquece o passado. Imite-o.

Ganância, sempre tenho lamentado. Generosidade, nunca.

Não peça para Deus fazer o que você quer. Peça-lhe para fazer o que é certo.

Ninguém é inútil para Deus. Ninguém.

Não foram cravos que pregaram Deus na cruz. Foi amor.

Você nunca perdoará alguém mais do que Deus já o tem perdoado.

Quando Deus Sussurra o seu Nome

Quem Está no Comando?

Lançando sobre ele toda a vossa ansiedade,
porque ele tem cuidado de vós.
1 Pedro 5.7

A preocupação faz você esquecer quem está no comando. E quando o foco está sobre você... você se preocupa. Você fica ansioso sobre muitas coisas. Você preocupa-se com a possibilidade de:

Seus cooperadores não o apreciarem.
Seus líderes fazerem você trabalhar demais.
Seu diretor não entender você.
Sua congregação não sustentar você.

Com o tempo, a sua agenda torna-se mais importante que Deus. Você está mais interessado em apresentar-se a si mesmo que em agradá-lo. E você pode até achar-se duvidando do julgamento de Deus.

Deus dotou você de talentos. Ele fez o mesmo com o seu próximo. Se você se inquieta com os talentos do seu próximo, acaba negligenciando os seus. Mas se você se preocupar com os seus, poderá inspirar a ambos.

Ele ainda Remove Pedras

Andando com Deus

*E vos renoveis no espírito do vosso sentido,
e vos revistais do novo homem, que, segundo Deus,
é criado em verdadeira justiça e santidade.*
EFÉSIOS 4.23,24

Matrimônios saudáveis têm um senso de "constância". O marido dedica-se à esposa, e ela dedica-se a ele. Há uma ternura, uma honestidade, uma comunicação contínua. O mesmo é verdade em nosso relacionamento com Deus. Às vezes vamos a Ele com nossas alegrias; outras vezes, com nossos sofrimentos. Mas sempre vamos. E, à medida que vamos, quanto mais vamos, mais parecidos com Ele nos tornamos. Paulo diz que somos transformados "de glória em glória" (2 Co 3.18).

Pessoas que vivem muito tempo juntas, eventualmente começam a se expressar igual, a falar igual, e até a pensar igual. À medida que andamos com Deus, adquirimos os seus pensamentos, os seus princípios, as suas atitudes. Adquirimos o seu coração.

Simplesmente como Jesus

Uma Promessa Entregue

E eu, João, vi a Santa Cidade, a nova Jerusalém, que de Deus descia do céu, adereçada como uma esposa ataviada para o seu marido.
APOCALIPSE 21.2

A Cidade Santa, conta João, é como uma noiva maravilhosamente vestida para o seu marido.

O que é mais belo que uma noiva?

Talvez seja a aura de brancura, que se apega a ela como o orvalho se apega a uma rosa. Ou talvez sejam os diamantes que brilham em seus olhos. Ou, quem sabe, seja o *blush* do amor que enrubesce as suas faces, ou o buquê de promessas que ela carrega.

Uma noiva. Um comprometimento vestido de elegância. "Estarei com você para sempre". O amanhã trazendo esperança hoje. Pureza prometida fielmente entregue.

Quando você lê que o nosso lar celeste é semelhante a uma noiva, diga-me, não dá vontade de ir para o lar?

O Aplauso do Céu

A Cura para o Desapontamento

Eis que eu sou o Senhor, o Deus de toda a carne. Acaso, seria qualquer coisa maravilhosa demais para mim?
Jeremias 32.27

Precisamos ouvir que Deus ainda está no controle. Precisamos ouvir que nada está encerrado até que Ele o diga. Precisamos ouvir que os infortúnios e as tragédias da vida não são motivo para saltar de pára-quedas. São simplesmente uma razão para apertarmos os cintos.

Corrie tem Boom costumava dizer: "Quando o trem entra num túnel e o mundo fica escuro, você pula dele? Claro que não. Você se senta firme e confia que o maquinista o atravessará"...

O modo de lidar com o desencorajamento? A cura para o desapontamento? Volte atrás e leia a história de Deus. Leia-a novamente, e de novo. Lembre-se de que você não é o primeiro a chorar. E não é o primeiro a ser ajudado.

Leia a história, e lembre-se: ela é sua!

Ele ainda Remove Pedras

A Grande Escolha

Se vos parece mal aos vossos olhos servir ao Senhor, escolhei hoje a quem sirvais.
JOSUÉ 24.15

O convite de Deus é claro e inegociável. Ele dá tudo, e nós lhe entregamos tudo. Simples e absoluto. Ele é claro no que pede, e é claro no que oferece. A escolha é nossa. Não é incrível que Deus deixe a escolha por nossa conta? Pense só. Há muitas coisas na vida que não podemos escolher. Não podemos, por exemplo, escolher o clima. Não podemos controlar a economia.

Não podemos escolher nascer, ou não, com um grande nariz, com olhos azuis, ou muito cabelo. Não podemos nem escolher como as pessoas reagem a nós.

Contudo, podemos escolher onde passaremos a eternidade. A grande escolha Deus deixa para nós. A decisão crítica é nossa.

E esta é a única decisão que realmente importa.

And the Angels Were Silent

Necessidade: Um Grande Salvador

Porque todos pecaram e destituídos estão da glória de Deus, sendo justificados gratuitamente pela sua graça, pela redenção que há em Cristo Jesus.
Romanos 3.23,24

A suprema força na salvação é a graça de Deus. Não as nossas obras. Não os nossos talentos. Não os nossos sentimentos. Não a nossa força.

Salvação é a presença repentina e calma de Deus, durante a tempestade no mar de nossas vidas. Ouvimos a sua voz; damos o passo.

Nós, como Paulo, estamos cônscios de duas coisas: somos grandes pecadores, e precisamos de um grande Salvador.

Nós, como Pedro, estamos cientes de dois fatos: estamos afundando, e Deus está de pé. Então, saímos do *Titanic* da justiça própria e permanecemos no sólido caminho da graça de Deus.

E, surpreendentemente, somos capazes de andar sobre as águas. A morte é desarmada. As faltas são perdoáveis. A vida tem um propósito real. E Deus não está apenas à vista, está ao nosso alcance.

In the Eye of the Storm

Lidando com o Passado

Deixa a ira e abandona o furor;
não te indignes para fazer o mal.
Salmos 37.8

Ira. É fácil definir: o alarido da alma. *Ira*. A irritação invisível do coração. *Ira*. A implacável invasora do silêncio...

Quanto mais ruidosa, mais desesperado ficamos.

Alguns de vocês estão pensando: "Você não tem idéia de como a minha vida tem sido dura". E você está certo; não sei. No entanto, tenho uma clara idéia de quão miserável será o seu futuro, a menos que você trate da sua ira.

Radiografe o mundo do vingativo e observe o tumor de amargura: negro, ameaçador, maligno. Carcinoma do espírito. Seus filamentos fatais alastram-se em torno do coração e o devastam. Você não pode alterar o dia de ontem, mas pode mudar a sua reação a ele. Você não pode mudar o passado, mas pode reagir a ele de modo diferente.

Quando Deus Sussurra o seu Nome

Quem É meu Irmão?

Senhor, até quantas vezes pecará meu irmão contra mim, e eu lhe perdoarei? Até sete? Jesus lhe disse: ... até setenta vezes sete.
MATEUS 18.21,22

Parece-me que Deus concede muito mais graça do que jamais imaginamos.

Poderíamos fazer o mesmo.

Não estou falando de diluir a verdade, nem de comprometer o evangelho. Mas se alguém, com um coração puro, chama Deus de *Pai*, não posso eu chamar este mesmo homem de *irmão*? Se Deus não faz da perfeição doutrinal um requisito para membro da família, deveria eu fazer?

E se nunca concordamos, não podemos concordar para discordar? Se Deus pode tolerar meus erros, não devo eu tolerar os erros dos outros? Se Deus me permite, com todas as minhas fraquezas e falhas, chamá-lo de Pai, não deveria eu estender a mesma graça aos outros?

Quando Deus Sussurra o seu Nome

Vivendo na Presença de Deus

Orando em todo tempo com toda oração e súplica no Espírito e vigiando nisso com toda perseverança e súplica por todos os santos.
EFÉSIOS 6.18

Como viver na presença de Deus? Como perceber as suas mãos invisíveis em meus ombros e a voz inaudível em meus ouvidos? Como podemos nos familiarizar com a voz de Deus? Eis aqui algumas idéias:

Devote a Deus os pensamentos do seu despertar. Antes de enfrentar o dia, fique face a face com o Pai. Antes de sair da cama, entre em sua presença.

Dirija a Deus os seus pensamentos improfícuos. Despenda tempo com Ele, em silêncio.

Dedique a Deus os seus pensamentos sussurrados. Imagine considerar cada momento um tempo potencial de comunhão com Deus.

Deponha na presença de Deus os seus pensamentos desvanecentes. Ao fim do dia, deixe a sua mente repousar nEle. Conclua o dia da forma que o começou: conversando com Deus.

Simplesmente como Jesus

Uma Perspectiva Celeste

Pedi, e dar-se-vos-á;
buscai e encontrareis;
batei, e abrir-se-vos-á.
MATEUS 7.7

Voltem, e relatem a João o que vocês ouviram e viram: "Os cegos vêem, e os coxos andam... e aos pobres é anunciado o evangelho".

Esta foi a resposta de Jesus à pergunta agoniada de João, vinda do calabouço da dúvida: "És tu aquele que havia de vir, ou esperamos outro?"

Não sabemos como João recebeu a mensagem de Jesus, mas podemos imaginar. Gosto de pensar que um leve sorriso surgiu em seus lábios, quando ouviu a resposta do seu Mestre. Agora ele entendia. Não é que Jesus estivesse em silêncio; João é que tinha ouvido a resposta errada. João ouvira uma resposta para os seus problemas terrenos, enquanto Jesus estava ocupado resolvendo as questões celestes.

Vale a pena lembrar disso na próxima vez que você ouvir o silêncio de Deus.

O Aplauso do Céu

Deus Chama seu Nome

Porque assim diz o Senhor Jeová:
Eis que eu, eu mesmo, procurarei
as minhas ovelhas e as buscarei.
EZEQUIEL 34.11

Ele está esperando por você. Deus está no pórtico do céu, esperando ansioso por você, perscrutando o horizonte por um vislumbre de seu filho. Você é aquele que Deus está procurando.

Deus é o Pai à espera, o Pastor atencioso à procura de sua ovelha. Suas pernas estão arranhadas, seus pés, feridos, e os seus olhos, ardendo. Ele escala os rochedos e atravessa os campos. Ele explora as cavernas. Ele põe as mãos em volta da boca e chama, do alto do abismo.

E o nome que Ele chama é o seu...

A mensagem é simples: Deus entregou o seu Filho a fim de resgatar todos os seus filhos e filhas. Para trazer seus filhos para casa. Ele aguarda ouvir sua resposta.

And the Angels Were Silent

Uma Luz, por Favor

Dirigiu-se Jesus para eles,
caminhando por cima do mar.
E os discípulos... assustaram-se...
e gritaram, com medo.
MATEUS 14.25,26

De vez em quando virá uma tempestade, e nós olharemos para o céu escuro e diremos: "Deus, uma luz, por favor!"

A luz veio para os discípulos. Um vulto veio para eles, andando sobre as águas. Não era o que eles esperavam. Talvez estivessem esperando que anjos descessem, ou que o céu se abrisse... Não sabemos o que eles esperavam. Uma coisa, entretanto, é certa: não pensavam enxergar Jesus vir andando sobre as águas.

E, uma vez que Jesus veio de um modo que eles não esperavam, eles quase perderam de vista a resposta às suas orações.

E, a menos que olhemos e ouçamos atentamente, arriscamos cometer o mesmo erro. As luzes de Deus em nossas noites escuras são tão numerosas quanto as estrelas, se tão-somente procurarmos por elas.

In the Eye of the Storm

Tratado de Paz e Amor

Vede que ninguém dê a outrem mal por mal, mas segui, sempre, o bem, tanto uns para com os outros como para com todos.
1 Tessalonicenses 5.15

Jesus descreveu aos seus seguidores o que Ele tinha vindo fazer. Ele veio para desenvolver um relacionamento com as pessoas. Veio para tirar a inimizade, a contenda e o isolamento existente entre Deus e o homem. Uma vez que Ele superou isto, uma vez que fez a ponte, "Chamarei vocês de amigos", disse Ele.

Ao consertar um relacionamento é essencial compreender que nenhum relacionamento é perfeito, nenhuma casamento é perfeito, nenhuma pessoa é perfeita. Com a resolução de fazer um relacionamento funcionar, você pode desenvolver um tratado de paz e amor, de tolerância e harmonia, para transformar uma situação difícil em algo bonito.

Walking with the Savior

Missão de Alto-risco

E não temais os que matam o corpo
e não podem matar a alma;
temei, antes, aquele que pode fazer perecer
no inferno a alma e o corpo.
Mateus 10.28

A miséria do inferno é profunda, mas não tão profunda quanto o amor de Deus.

Então, como aplicamos esta verdade? Se você é salvo, ela deve fazê-lo regozijar-se. Você foi resgatado. Uma espiada para dentro do inferno leva o crente a regozijar-se. Mas também o leva a redobrar os esforços para alcançar os perdidos. Entender o inferno é orar mais sinceramente e servir mais diligentemente. A nossa é uma missão de alto-risco.

E os perdidos? Qual o significado desta mensagem aos despreparados? Dê atenção às advertências e esteja preparado. Este avião não voará para sempre. "Melhor é ir à casa onde há luto... porque ali se vê o fim de todos os homens; e os vivos o aplicam ao seu coração" (Ec 7.2).

Quando Cristo Voltar

Qual o seu Preço?

Porque a vida de qualquer não consiste na abundância do que possui.
LUCAS 12.15

Jesus tinha uma definição para ganância. Ele a chamava de prática de medir a vida pelas posses.

A ganância iguala o valor de uma pessoa à sua carteira.

1. Você ganha muito = você é muito.
2. Você ganha pouco = você é pouco.

A conseqüência de tal filosofia é previsível. Se você é a soma do que tem, então, por todos os meios, possua tudo. Nenhum preço é alto demais. Nenhum pagamento é demasiado...

A ganância não é definida pelo custo de alguma coisa; é medida pelo que custa você.

Se alguma coisa custa você, a sua fé, ou a sua família, o preço é alto demais.

Quando Deus Sussurra o seu Nome

Seguro em seu Pulso

[Deus] é poderoso para vos guardar de tropeçar e apresentar-vos irrepreensíveis.
JUDAS 24

Você e eu estamos numa grande escalada. O paredão é alto e os riscos, mais altos ainda. Você deu o primeiro passo no dia em que confessou que Cristo é o Filho de Deus. Ele deu-lhe o seu equipamento: o Espírito Santo. Em suas mãos, pôs uma corda: a sua Palavra.

Seus primeiros passos eram fortes e confiantes. No entanto, com a jornada, veio o cansaço, e com a altura, o medo. Você perdeu a passada. Perdeu o foco. Perdeu a garra, e caiu. Por um momento, que parecia não acabar nunca, você caiu desenfreadamente. Sem controle. Sem autocontrole. Desorientado. Despejado. Cadente.

Mas então a corda esticou, e a queda cessou. Você pendurou-se no equipamento, e descobriu-o forte. Você agarrou a corda, e descobriu-a verdadeira. E embora você não possa ver o seu guia, você o conhece. Você sabe que Ele é forte. Você sabe que Ele é capaz de impedi-lo de cair.

Ouvindo Deus na Tormenta

Refletindo a Glória de Deus

Mas todos nós, com cara descoberta,
refletindo, como um espelho, a glória do Senhor,
somos transformados de glória em glória,
na mesma imagem, como pelo Espírito do Senhor.
2 Coríntios 3.18

O propósito da adoração é mudar a face do adorador. Foi exatamente isto que aconteceu a Cristo, na montanha. A aparência de Jesus foi mudada: "Seu rosto resplandeceu como o sol" (Mt 17.2).

A conexão entre face e adoração é mais que coincidente. Nossa face é a parte mais pública de nosso corpo, menos coberta que qualquer outra área. É também a parte mais reconhecível de nosso corpo. Você não preenche anuários escolares com fotos de pés, mas de rostos. Deus deseja tomar as nossas faces, esta parte exposta e memorável de nosso corpo, e usá-las para refletir a sua glória.

Simplesmente como Jesus

O Perdão Liberta a Alma

Mas, se fazendo o bem, sois afligidos
e o sofreis, isso é agradável a Deus.
1 PEDRO 2.20

Existe uma emoção que aprisione a alma mais que a indisposição para perdoar? O que você faz quando uma pessoa maltrata você ou alguém que você ama? O fogo da ira ferve dentro de você, com as chamas consumindo as suas emoções? Ou você se volta a algum lugar, a uma fonte de água fria, e puxa um balde de clemência, para libertar a si próprio?

Não se perca nas ondas da ira e do ressentimento. Seja aquele que diz: "Sim, ele me maltratou, mas vou ser igual a Cristo. Serei aquele que diz: 'Perdoa-os, Pai, eles não sabem o que fazem'".

Walking with the Savior

Uma Leve Batida na Porta

Mas, como é santo aquele que vos chamou,
sede vós também santos
em toda a vossa maneira de viver.
1 PEDRO 1.15

Tenho algo contra as vozes mentirosas que alardeiam em nosso mundo. Você já as ouviu. Elas sugerem a você trocar a sua integridade por uma nova venda. Negociar suas convicções por uma transação fácil. Permutar sua devoção por uma emoção ligeira.

Elas sussurram. Cortejam. Insultam. Atormentam. Flertam. "Vá em frente". "Tudo bem, ninguém saberá".

O mundo golpeia a sua porta; Jesus bate de leve. As vozes gritam por sua sujeição; Jesus, suave e ternamente, a solicita. O mundo promete prazeres flamejantes; Jesus promete um jantar sossegado... com Deus.

Qual voz você escuta?

In the Eye of the Storm

Deus, o Salvador

Aquele que crê no Filho tem a vida eterna,
mas aquele que não crê
no Filho não verá a vida.
JOÃO 3.36

Quando vem a salvação?

Quando olhamos para Cristo. Quando o abraçamos como Salvador. Surpreendentemente simples, não? Reivindique a grande promessa de João 3.16: "Porque Deus amou o mundo de tal maneira que deu o seu Filho unigênito, para que todo aquele que nele crê não pereça, mas tenha a vida eterna".

Deus, o Amante. Deus, o Doador. Deus, o Salvador.

O homem, o crente. E àqueles que crêem Ele prometeu um novo nascimento.

Contudo, apesar da simplicidade, ainda há aqueles que não crêem. Não confiam na promessa.

Se eles ao menos tentassem. Se ao menos fizessem um teste. Porém Deus é tão polido quanto apaixonado. Ele nunca impõe a sua vontade. A escolha é deles.

Ouvindo Deus na Tormenta

Julho

Jesus, porém, lhes falou logo, dizendo: Tende bom ânimo, sou eu; não temais.

–MATEUS 14.27

Julgamento É Trabalho de Deus

Espera pelo Senhor, e ele te livrará.
PROVÉRBIOS 20.22

Alguns de vocês estão na sala do tribunal. O tribunal de queixas. Alguns de vocês estão reapresentando a mesma ferida a cada chance que têm de alguém os escutar.

Para você, tenho esta pergunta: Quem fez de você Deus? Não quero ser arrogante, mas, por que você está fazendo o trabalho dEle?

"Minha é a vingança, eu darei a recompensa, diz o Senhor" (Hb 10.30).

Julgamento é trabalho de Deus. Supor o contrário é supor que Deus não pode fazê-lo.

A vingança é irreverente. Perdoar alguém é mostrar reverência. Perdoar não é dizer que alguém que o prejudicou esteja certo. Perdoar é declarar que Deus é fiel e fará o que é certo.

Quando Deus Sussurra o seu Nome

Seus Pensamentos Sussurrados

Sonda-me, ó Deus, e conhece o meu coração;
prova-me e conhece os meus pensamentos.
SALMOS 139.23

Imagine considerar cada momento uma ocasião propícia de comunhão com Deus. No momento em que a sua vida expirar, você terá passado seis meses em semáforos fechados, oito meses abrindo correspondência de propagandas, um ano e meio procurando coisas perdidas (dobre este número em meu caso), e uns bons cinco anos de pé, em filas.

Por que você não entrega esses momentos a Deus? Devotando a Deus os seus pensamentos sussurrados, o comum torna-se incomum. Simples frases como "Obrigado, Pai", "Seja soberano neste momento, ó Senhor", "Tu és o meu descanso, Jesus" podem transformar uma viagem diária, de ida e volta para o trabalho, numa peregrinação. Você não precisa deixar o escritório, nem ajoelhar-se na cozinha. Simplesmente ore onde você está. Deixe a cozinha virar uma catedral, ou a sala de aula transformar-se em uma capela. Devote a Deus os seus pensamentos sussurrados.

Simplesmente como Jesus

Deus Muda a nossa Face

[Ele] pôs um novo cântico na minha boca, um hino ao nosso Deus.
Salmos 40.3

Deus nos convida a ver a sua face para que Ele possa mudar a nossa. Ele usa as nossas faces descobertas para mostrar a sua glória. A transformação não é fácil. O escultor do monte Rushmore enfrentou um desafio menor que esse. Não obstante, o nosso Deus é hábil para a tarefa. Ele gosta de mudar a face de seus filhos. Através de seus dedos, rugas de preocupações são apagadas. Sombras de vergonha e dúvidas tornam-se retratos de graça e verdade. Ele relaxa mandíbulas apertadas, e alisa testas vincadas. Ele remove de sob os olhos as bolsas de cansaço, e torna as lágrimas de desespero em lágrimas de paz.

Como? Através da adoração.

Esperamos algo mais complicado, mais exigente. Quarenta dias de jejum, ou quem sabe, a memorização de Levítico. Não. O plano de Deus é simples. Ele muda nossas faces através da adoração.

Simplesmente como Jesus

Encontrando a Graça de Deus

Vida e beneficência me concedeste;
e o teu cuidado guardou o meu espírito.
Jó 10.12

Disciplina é fácil para eu engolir. Algo lógico para assimilar. Manejável e apropriado. Mas, a graça de Deus? Qualquer coisa, menos isto. Exemplos? Quanto tempo você tem?

Davi, o salmista, tornou-se Davi, o *voyeur*. Mas pela graça de Deus, voltou a ser Davi, o salmista.

Pedro negou a Cristo antes de pregar o seu nome.

Zaqueu, o escroque. A parte mais limpa de sua vida era o dinheiro que ele lavava. Contudo, Jesus teve tempo para ele.

O ladrão na cruz: Num minuto, inclinado-para-o-inferno e pendurado-para-morrer; no minuto seguinte, pulando-para-o-céu e sorrindo.

História após história. Oração após oração. Surpresa após surpresa. Parece que Deus está mais interessado em achar maneiras de levar-nos para o Lar, que em deixar-nos de fora. Desafio você a encontrar uma alma que veio a Deus em busca de graça e não a achou.

Quando Deus Sussurra o seu Nome

O Calabouço da Amargura

Porque, se perdoardes aos homens
as suas ofensas, também vosso
Pai celestial vos perdoará a vós.
Mateus 6.14

A amargura é a sua própria prisão.

As laterais são escorregadias de ressentimentos. Um assoalho de ira barrenta imobiliza os pés. O mal cheiro da traição enche o ar e queima os olhos. Uma nuvem de autocomiseração bloqueia a visão da minúscula saída acima.

Entre e dê uma olhada nos prisioneiros. As vítimas estão acorrentadas às paredes. Vítimas da traição. Vítimas do abuso.

O calabouço, fundo e escuro, acena a você para que entre... Você pode, você sabe. Você já experimentou bastante sofrimento. Você pode escolher, como muitos, acorrentar-se à sua dor... Ou, pode escolher, como alguns, descartar o seu sofrimento antes que ele se transforme em ódio.

Como Deus lida com o seu coração amargurado? Ele o lembra de que aquilo que você possui é mais importante que o que não possui. Você ainda tem o seu relacionamento com Deus. Ninguém pode tirar isto.

Ele ainda Remove Pedras

O Sacerdote Perfeito

Quando vier para ser glorificado nos seus santos e para se fazer admirável, naquele Dia, em todos os que crêem.
2 TESSALONICENSES 1.10

Quando virmos a Cristo, o que veremos?

Veremos o sacerdote perfeito. "... um semelhante ao Filho do Homem, vestido até aos pés de uma veste comprida e cingido pelo peito com um cinto de ouro" (Ap 1.13). Os primeiros leitores desta mensagem conheciam o significado da túnica e do cinto. Jesus está usando as vestes de um sacerdote. O sacerdote apresenta o povo a Deus e Deus ao povo.

Você conheceu outros sacerdotes. Houve outros em sua vida, clérigos ou não, que procuraram levar você a Deus. Mas eles também precisavam de um sacerdote. Alguns precisavam mais que você. Eles, como você, eram pecadores. Não é assim com Jesus. "Porque nos convinha tal sumo sacerdote, santo, inocente, imaculado, separado dos pecadores e feito mais sublime do que os céus" (Hb 7.26).

Jesus é o sacerdote perfeito.

Quando Cristo Voltar

Mais Perto do que Você Pensa

Jesus, porém, lhes falou logo, dizendo:
Tende bom ânimo, sou eu; não temais.
Mateus 14.27

Quando os discípulos viram a Jesus em meio à noite tempestuosa, chamaram-no de fantasma. Uma aparição... Para eles, o clarão era qualquer coisa, menos Deus.

Quando vemos luzes suaves no horizonte, geralmente temos a mesma reação. Repudiamos bondades ocasionais como se fossem aparições, acidentes ou anomalias. Qualquer coisa, menos Deus...

E porque procuramos fogueiras, perdemos a vela. Porque esperamos ouvir gritos, perdemos o sussurro.

Entretanto, é num brilho de velas que Deus vem, e através de promessas sussurradas Ele fala: "Quando duvidar, olhe à sua volta; estou mais perto do que você pensa".

In the Eye of the Storm

Ele Guardou a Fé

Conservando a fé e a boa consciência,
rejeitando a qual alguns fizeram naufrágio na fé.
1 TIMÓTEO 1.19

Sento-me diante de um homem no corredor da morte. Judeu por nascimento. Fazedor de tendas por profissão. Apóstolo por vocação. Seus dias estão contados. Estou curioso sobre o que ampara este homem, enquanto ele aproxima-se da execução. Então, faço algumas perguntas.

Você tem família, Paulo? *Não tenho ninguém.*

E quanto à sua saúde? *Meu corpo está abatido e cansado...*

Alguma recompensa? *Não na terra.*

Então, o que você tem, Paulo? Nenhum bem. Nenhuma família... O que você tem de importante?

Tenho a minha fé. É tudo o que tenho. Mas é tudo o que preciso. Tenho guardado a fé.

Paulo recosta-se na parede de sua cela e sorri.

Quando Deus Sussurra o seu Nome

Orgulho de Pai

O Senhor não retarda a sua promessa,
ainda que alguns a têm por tardia;
mas é longânimo para convosco,
não querendo que alguns se percam,
senão que todos venham a arrepender-se.
2 PEDRO 3.9

Àqueles que abraçam a Cristo como Salvador Ele prometeu um novo nascimento.

Isto significa que a velha natureza nunca mais levantará a sua cabeça repulsiva? Isto significa que você será instantaneamente capaz de resistir a qualquer tentação?

Para responder a estas perguntas, compare o seu novo nascimento em Cristo a um bebê recém-nascido. Pode um bebezinho andar? Pode alimentar-se sozinho? Pode escrever, ler, ou falar? Não, não por enquanto. Mas algum dia o fará.

Leva tempo para crescer. Contudo, o pai envergonha-se do bebê, na sala de espera? A mãe sente-se embaraçada porque o bebê não fala, não anda, não faz um discurso?

Claro que não. Os pais não se envergonham; orgulham-se. Eles sabem que o crescimento virá com o tempo. Deus também.

Ouvindo Deus na Tormenta

O Propósito da Vida

Amarás o Senhor, teu Deus, de todo o teu coração, e de toda a tua alma, e de todo o teu pensamento.
MATEUS 22.37

Escave bastante fundo em um coração, e você a achará: uma ânsia por significado, uma busca de propósito. Tão certo quanto uma criança respira, um dia ela indagará: "Qual o propósito de minha vida?"

Alguns procuram sentido numa carreira. "Meu propósito é ser um dentista". Excelente vocação, mas dificilmente uma justificação para a existência. Eles optam por ser pessoas ocupadas com o trabalho, em vez de ser pessoas ocupadas em viver. Eles são o que fazem; conseqüentemente, fazem muito. Trabalham muitas horas porque, se não trabalharem, não têm uma identidade.

Outros são o que possuem. Eles acham significado num carro novo, numa nova casa, ou em roupas novas. Tais pessoas são ótimas para a economia, e violentas com o orçamento, porque estão sempre buscando sentido em algo que possuem. Alguns tentam esportes, entretenimentos, cultos, sexo, e o que mais você imaginar.

Tudo não passa de miragens num deserto de propósitos...

Não deveríamos encarar a verdade? Se não confessamos a Deus, somos destroços de naufrágios flutuando no universo.

Nas Garras da Graça

Uma Grande Visão de Deus

Santo, Santo, Santo é o Senhor Deus,
o Todo-poderoso, que era, e que é,
e que há de vir.
Apocalipse 4.8

O que, exatamente, é adoração? Gosto da definição do rei Davi: "Engrandecei ao Senhor comigo, e juntos exaltemos o seu nome" (Sl 34.3).

Adoração é o ato de magnificar a Deus. Ampliar a visão que temos dEle. Entrar na sua morada para ver onde Ele se senta, e observar como Ele trabalha. É claro que o seu tamanho não muda, mas a percepção que temos dEle sim. À medida que nos aproximamos, Ele parece maior. Não é disso que precisamos? Uma *grande* visão de Deus? Não temos problemas *grandes*, preocupações *grandes*, questões *grandes*? Certamente que sim. Em conseqüencia, precisamos de uma grande visão de Deus.

A adoração oferece isto. Como podemos cantar "Santo, Santo, Santo", e não ter a nossa visão expandida?

Simplesmente como Jesus

Arrependimento É uma Decisão

Ou desprezas tu as riquezas da sua benignidade, e paciência, e longanimidade, ignorando que a benignidade de Deus te leva ao arrependimento?
ROMANOS 2.4

Ninguém é mais feliz que aquele que se arrependeu de seus erros. Arrependimento é a decisão de abandonar os desejos egoístas e buscar a Deus. É um pesar genuíno e sincero, que produz tristeza e levanos a admitir nossos erros e a desejar ser melhor.

É uma convicção interna que se expressa em ações externas.

Você olha para o amor de Deus, e não pode acreditar que Ele o tenha amado como amou, e esta compreensão motiva você a mudar sua vida. Esta é a natureza do arrependimento.

Walking with the Savior

Conhecendo a Vontade de Deus

Porquanto a vontade daquele que me enviou é esta: que todo aquele que vê o Filho e crê nele tenha a vida eterna.
JOÃO 6.40

Conhecemos a vontade de Deus passando tempo em sua presença. A chave para conhecer o coração de Deus é ter um relacionamento com Ele. Um relacionamento pessoal. Deus falará com você diferentemente do que fala com outros. Porque Deus falou com Moisés através de um arbusto em chamas, não significa que vamos todos nos sentar perto de uma sarça, esperando que Ele nos fale. Deus usou um peixe para convencer Jonas. Isto significa que devemos ter cultos de adoração no oceano? Não. Deus revela pessoalmente o seu coração a cada pessoa.

Por esta razão, o seu caminhar com Deus é essencial. O coração dEle não é visto num bate-papo ocasional ou numa visita de fim de semana. Aprendemos a sua vontade fixando residência em sua casa, cada dia.

Ande com Ele o suficiente, e você conhecerá o seu coração.

A Grande Casa de Deus

A Assinatura de Deus

Antes que eu te formasse no ventre,
eu te conheci; e, antes que saísses
da madre, te santifiquei.
Jeremias 1.5

Com Deus em seu mundo, você não é um acidente ou um incidente; você é uma dádiva para o mundo, uma obra de arte divina, assinada por Deus.

Um dos presentes mais apreciados que já recebi é uma bola de futebol americano, autografada por trinta ex-zagueiros. Não há nada de singular nesta bola. Pelo que sei, ela foi comprada com desconto, numa loja esportiva. O que a torna especial são as assinaturas.

O mesmo é verdade em relação a nós. No esquema da natureza, o *Homo sapiens* não é singular. Não somos a única criatura com carne, sangue, coração e cabelos. O que nos faz especiais não é o nosso corpo, mas a assinatura de Deus em nossas vidas. Somos a sua obra de arte. Fomos criados à sua imagem, para realizar boas ações. Somos significantes, não por aquilo que fazemos, mas por quem somos.

Nas Garras da Graça

Mais do que os Olhos Vêem

Ora, a fé é o firme fundamento das coisas que se esperam e a prova das coisas que se não vêem.
Hebreus 11.1

Fé é confiar naquilo que os olhos não podem ver.

Os olhos vêem o leão faminto. A fé vê o anjo de Daniel.

Os olhos vêem tempestades. A fé vê o arco-íris de Noé.

Os olhos vêem gigantes. A fé vê Canaã.

Seus olhos vêem suas faltas. A sua fé vê o seu Salvador.

Seus olhos vêem sua culpa. A sua fé vê o sangue dEle.

Seus olhos encontram o espelho e enxergam um pecador, um fracassado, alguém incapaz de manter promessas. Pela fé, porém, você olha no espelho e vê um pródigo vestido de manto, usando no dedo o anel da graça, e tendo na face o beijo do Pai.

Quando Deus Sussurra o seu Nome

Todos os Filhos de Deus

Mas, se é por graça, já não é pelas obras; de outra maneira, a graça já não é graça.
ROMANOS 11.6

A quem Deus oferece sua dádiva? Ao mais brilhante? Ao mais bonito? Ao mais atraente? Não. A sua dádiva é para todos nós: mendigos e banqueiros, clérigos e caixeiros, juízes e porteiros. Todos os filhos de Deus.

E Ele nos quer tanto, que nos aceita de qualquer jeito: "como está" é o que se lê na etiqueta de nosso colarinho. Ele não espera que primeiro alcancemos a perfeição. (Ele sabe que nunca chegaremos lá!) Você acha que Ele espera que vençamos todas as tentações? Dificilmente. Quando dominarmos a caminhada cristã? Longe disso. Lembre-se: Cristo morreu por nós quando ainda éramos pecadores. Seu sacrifício, então, não dependeu de nossa performance.

Ele nos quer agora.

Seu Nome É Salvador

Deus Está Presente em seus Apuros

O Senhor, pois, é aquele que vai adiante de ti; ele será contigo, não te deixará, nem te desamparará.
DEUTERONÔMIO 31.8

Quando eu tinha sete anos, fugi de casa. Eu estava cheio das regras de meus pais, e decidi que podia fazer as coisas do meu jeito, e até logo. Com as minhas roupas numa bolsa de papel, saí depressa pelo portão dos fundos, e marchei viela abaixo. Mas não fui muito longe. Cheguei ao fim da viela, e lembrei que estava com fome. Então, voltei para casa.

Embora a rebelião houvesse sido breve, fora, contudo, rebelião. E se você tivesse me parado naquele caminho do pródigo, eu simplesmente lhe teria dito como me sentia. "Não preciso de um pai. Sou grande demais para as regras da minha família".

Não ouvi o canto do galo, como aconteceu com Pedro. Não senti o golfar do peixe, como Jonas. Não ganhei um manto, um anel e sandálias, como o pródigo. Entretanto, aprendi com meu pai terreno o que esses três aprenderam com o Pai celeste. Nosso Deus não é pai apenas nos bons momentos. Ele não é do tipo "ama-e-deixe-que-se-vire". Posso contar com Ele em meus apuros, não importa como eu me saia. Você também pode.

A Grande Casa de Deus

Deus Caminha entre o Sofrimento

Ele tomou sobre si as nossas enfermidades e levou as nossas doenças.
MATEUS 8.17

Visualize um campo de batalha coberto de feridos, e você verá Betesda. Imagine uma enfermaria abarrotada de enfermos, e sem atendentes, e você verá o tanque. Traga à memória os órfãos de Bangladesh, ou os desamparados de Nova Délhi, e você verá o que as pessoas viam quando passavam por Betesda. Enquanto passavam, o que elas ouviam? Uma onda sem fim de gemidos. O que elas testemunhavam? Um campo de necessitados sem face. O que elas faziam? A maioria passava direto...

Mas não Jesus.

Ele está sozinho... as pessoas precisam dEle, então... Ele está lá. Você pode imaginar isto? Jesus caminhando por entre o sofrimento.

Por um instante, elas sabem que Deus está passando calmamente; pisando com cuidado entre os mendigos e os cegos.

Ele ainda Remove Pedras

Por que Negar?

Se dissermos que não temos pecado,
enganamo-nos a nós mesmos,
e não há verdade em nós.
1 JOÃO 1.8

Prestamos a nós mesmos um desfavor, ao justificar nossos atos e encobrir nossos pecados. Há algum tempo, minha filha Andrea fincou uma farpa no dedo. Levei-a até o banheiro e apanhei algumas pinças, um anti-séptico, e um Band-Aid.

Ela não gostou do que viu. "Só quero o Band-Aid, papai".

Algumas vezes, somos exatamente como Andrea. Vamos a Cristo com os nossos pecados, mas tudo o que queremos é uma cobertura. Desejamos escapar ao tratamento. Queremos esconder nossos pecados. E alguns se perguntam se Deus, em sua grande misericórdia, irá curar o que ocultamos.

Como Deus pode curar o que negamos? Como Ele pode tocar o que encobrimos?

Ouvindo Deus na Tormenta

Nós o Veremos

Porque, agora, vemos por espelho em enigma; mas, então, veremos face a face.
1 CORÍNTIOS 13.12

O que acontecerá quando você vir a Jesus? Você verá pureza sem mácula e força irredutível. Você sentirá a sua presença incessante e conhecerá a sua proteção sem restrições. E tudo o que Ele é, você também será, porque você será igual a Jesus. Não foi esta a promessa de João? "Mas sabemos que, quando ele se manifestar, seremos semelhantes a ele; porque assim como é o veremos" (1 Jo 3.2).

Uma vez que você será puro como a neve, você nunca mais pecará. Você nunca mais tropeçará. Nunca mais se sentirá sozinho. Nunca mais duvidará.

Quando Cristo voltar, você habitará na luz de Deus. E você o verá como Ele realmente é.

Quando Cristo Voltar

Chamando nossa Atenção

Convertei-vos ao Senhor, vosso Deus; porque ele é misericordioso, e compassivo, e tardio em irar-se, e grande em beneficência.
Joel 2.13

Até onde você quer que Deus vá para conseguir sua atenção? Se Deus tiver de escolher entre a sua segurança eterna e o seu conforto terreno, qual você espera que Ele escolha?

E se Ele mudar você para outra terra? (Como fez com Abraão). E se Ele o chamar de seu retiro? (Lembra-se de Moisés?) Que tal a voz de um anjo, ou o intestino de um peixe? (Como aconteceu com Gideão e Jonas). E quanto a uma promoção como a de Daniel, ou um rebaixamento como o de Sansão?

Deus faz o que for preciso para obter nossa atenção. Não é esta a mensagem da Bíblia? A implacável perseguição de Deus. Deus na caçada. Deus na procura. Espiando sob a cama, à procura de filhos escondidos. Agitando os arbustos, à procura de ovelhas perdidas.

Ouvindo Deus na Tormenta

Se tão-somente...

Assim que já não és mais servo,
mas filho; e, se és filho,
és também herdeiro de Deus por Cristo.
GÁLATAS 4.7

Talvez em seu passado não haja muito de que se orgulhar. Talvez você tenha sido um rude miserável. E agora você tem de fazer uma escolha. Você se levanta acima do passado, e faz a diferença? Ou você continua controlado pelo passado e apresenta desculpas?

Muitos escolhem a casa convalescente do coração. Corpos saudáveis. Mentes agudas. Porém sonhos aposentados. Para frente e para trás, eles balançam na cadeira do pesar, repetindo os termos de rendição. Chegue perto, e você os ouvirá: "Se tão-somente".

"Se tão-somente eu tivesse nascido outra pessoa..."

"Se tão-somente eu tivesse sido tratado com justiça..."

Quem sabe, você tenha usado essas palavras. Quem sabe, você as tem usado mesmo agora. Se este é o caso, vá ao Evangelho de João, e leia as palavras de Jesus: "O que é nascido da carne é carne, e o que é nascido do Espírito é espírito" (Jo 3.6).

Quando Deus Sussurra o seu Nome

Atenção aos Sinais

Teme a Deus e guarda os seus mandamentos; porque este é o dever de todo homem.
ECLESIASTES 12.13

Eis aqui algumas verdades dadas por Deus e testadas pelo tempo, que definem o modo como você deve navegar sua vida. Observe-as, e tenha uma passagem segura. Ignore-as, e estatele-se contra as escarpas rochosas da realidade...

- Ame a Deus mais do que teme o inferno.
- Tome decisões importantes num cemitério.
- Quando ninguém estiver olhando, viva como se alguém estivesse.
- Tenha sucesso primeiro em casa.
- Não gaste hoje o dinheiro de amanhã.
- Ore em dobro a quantidade da sua lamúria.
- Deus perdoou você; seria sensato fazer o mesmo.

In the Eye of the Storm

Erguendo o Coração e as Mãos

Ora, ao Rei dos séculos, imortal, invisível, ao único Deus seja honra e glória para todo o sempre.
1 TIMÓTEO 1.17

O inteiro propósito de apresentar-se diante do Rei é louvá-lo, para viver no reconhecimento de seu esplendor. Louvar — erguer o coração e as mãos, exultar com a voz, cantar seu louvor — é a ocupação daqueles que habitam o reino.

Louvar é a mais elevada ocupação de todo ser. O que acontece quando louvamos ao Pai? Restabelecemos a própria cadeia de comando; reconhecemos que o Rei está no trono, e que Ele salvou o seu povo.

Walking with the Savior

De que Tamanho É Deus?

A Deus tudo é possível.
Mateus 19.26

A natureza é a oficina de Deus. O céu é o seu currículo. O universo é o seu cartão profissional. Você quer saber quem é Deus? Veja o que Ele fez. Quer conhecer o seu poder? Dê uma olhada em sua criação. Curioso sobre a sua força? Visite-o em seu endereço: Avenida Firmamento Estrelado, nº 1 bilhão.

Ele não é maculado pela atmosfera de pecado, não é controlado pela linha do tempo da história, nem estorvado pela fadiga do corpo.

O que controla você não controla a Ele. O que preocupa você não preocupa a Ele. O que fatiga você a Ele não fatiga. Uma águia é incomodada pelo tráfego? Não, ela voa acima dele. A baleia é perturbada por um furacão? Claro que não, ela mergulha abaixo dele. O leão agita-se por um rato plantado em seu caminho? Não, ele passa por cima.

Quanto mais é Deus capaz de elevar-se acima, mergulhar abaixo, e passar por cima das dificuldades da terra!

A Grande Casa de Deus

A Resposta aos Argumentos

Suportando-vos uns aos outros e perdoando-vos uns aos outros, se algum tiver queixa contra outro; assim como Cristo vos perdoou, assim fazei vós também.
Colossenses 3.13

A unidade não começa no examinarmos os outros, mas no examinarmos a nós mesmos. A unidade começa não no exigir que os outros mudem, mas no admitir que não somos tão perfeitos...

A resposta aos argumentos? Aceitação. O primeiro passo para a unidade? Aceitação. Discordância: aceitação. Falta de unanimidade: aceitação. Falta de negociação: arbitragem, ou elaboração. Estas podem vir mais tarde, mas somente após o primeiro passo: aceitação.

Nas Garras da Graça

O Alvo Supremo de Cristo

Porque o Filho do Homem também não veio para ser servido, mas para servir e dar a sua vida em resgate de muitos.
MARCOS 10.45

Uma das incríveis habilidades de Jesus era manter o alvo. Sua vida nunca saiu do rumo. Ele mantinha sua vida no curso.

Quando Jesus olhava além do horizonte de seu futuro, podia ver muitos alvos. Muitas bandeiras drapejando ao vento; cada uma delas poderia ter sido buscada por Ele. Jesus poderia ter sido um revolucionário político. Poderia ter-se contentado em ser um professor e educado mentes... Mas Ele preferiu ser um Salvador, e salvar almas.

Qualquer pessoa perto de Cristo, por qualquer espaço de tempo, teria ouvido dEle próprio: "Porque o Filho do Homem veio buscar e salvar o que se havia perdido" (Lc 19.10). O coração de Cristo estava implacavelmente concentrado em uma tarefa. No dia em que Ele deixou a carpintaria de Nazaré, tinha uma meta suprema: a cruz do Calvário.

Simplesmente como Jesus

Não Temas

Bendito o varão que confia no Senhor.
JEREMIAS 17.7

Prestes a ser crucificado, Jesus contou aos discípulos que seria tirado deles. "Para onde eu vou não podes, agora, seguir-me, mas, depois, me seguirás" (Jo 13.36).

Tal declaração destinava-se a levantar algumas questões. Pedro indagou pelos demais: "Por que não posso seguir-te agora?" (v. 37)

Veja se a réplica de Jesus não reflete a ternura de um pai por um filho: "Não se turbe o vosso coração; credes em Deus, crede também em mim. Na casa de meu Pai há muitas moradas; se não fosse assim, eu vo-lo teria dito, pois vou preparar-vos lugar... Virei outra vez e vos levarei para mim mesmo, para que, onde eu estiver, estejais vós também" (Jo 14.1-3).

Reduza o parágrafo a uma sentença, e ela poderia ser: "Vocês tratam de confiar, e eu trato de os levar".

Quando Cristo Voltar

Não Tenha Medo

Porque eu, o Senhor, teu Deus,
te tomo pela tua mão direita e te digo:
não temas, que eu te ajudo.
ISAÍAS 41.13

Você poderia usar um pouco de coragem? Você tem desistido mais do que perseverado? Jesus aqueceu o frio da espinha de seus discípulos nervosos.

Precisamos nos lembrar que esses discípulos eram homens comuns, que receberam tarefas a que foram compelidos. Antes que se tornassem santos nos vitrais das catedrais eram os vizinhos de alguém, tentando ganhar a vida e sustentar a família. Eles não foram escolhidos dentre clérigos, nem foram criados com leite sobrenatural. No entanto, eram um pouquinho mais devotados que amedrontados, e como resultado, fizeram coisas extraordinárias.

De qualquer modo, temores terrenos não são temores. Faça a grande pergunta da eternidade, e as questiúnculas da vida decrescem em perspectiva.

O Aplauso do Céu

Deus Concede Descanso

Porque o meu jugo é suave, e o meu fardo é leve.
MATEUS 11.30

Paulo tem uma interessante observação acerca do modo como tratamos as pessoas. Ele a fez a respeito do matrimônio, mas o princípio aplica-se a qualquer relacionamento. "Quem ama a sua mulher ama-se a si mesmo" (Ef 5.28). Há uma correlação entre o modo como você se sente a respeito de si mesmo e como se sente em relação aos outros. Se você está em paz consigo mesmo — se você gosta de si mesmo — viverá bem com os demais.

A convivência também é verdadeira. Se você não gosta de si próprio, se você é envergonhado, embaraçado, ou iracundo, outras pessoas o saberão.

Isto nos leva a indagar: "Como uma pessoa obtém alívio?"

"Vinde a mim, todos os que estais cansados e oprimidos, e eu vos aliviarei" (Mt 11.28). Jesus garante ser a solução para o cansaço da alma.

Quando Deus Sussurra o seu Nome

Ele Está Voltando

Todos serão vivificados em Cristo.
Mas cada um por sua ordem:
Cristo, as primícias; depois,
os que são de Cristo, na sua vinda.
1 Coríntios 15.22,23

Deus nos fez uma promessa: "Eu voltarei". Sim, as pedras rolarão. Sim, a terra tremerá. Mas os filhos de Deus não precisam temer; o Pai prometeu levar-nos para estar com Ele.

Contudo, ousamos acreditar na promessa? Atrevemo-nos a confiar em sua lealdade? Não há uma parte cautelosa em nós, perguntando quão confiáveis estas palavras podem ser?

Como podemos saber que Ele fará o que disse? Como podemos acreditar que Ele removerá as pedras e nos porá livres?

Porque Ele já fez isto uma vez.

Quando Cristo Voltar

Agosto

Antes, crescei na graça e conhecimento de nosso Senhor e Salvador Jesus Cristo.

–2 PEDRO 3.18

Nada na Terra Satisfaz

Porque nada trouxemos para este mundo e manifesto é que nada podemos levar dele. Tendo, porém, sustento e com que nos cobrirmos, estejamos com isso contentes.
1 Timóteo 6.7,8

Contentes? Está aí uma coisa que não somos. Não nos achamos satisfeitos.

Tiramos as férias da nossa vida. Saciamo-nos de sol, diversão e boa comida. Mas já no caminho de volta para casa, começamos a temer o fim da viagem e a planejar outra.

Não estamos satisfeitos.

Quando criança, dizemos: "Se ao menos eu fosse um adolescente". Na adolescência, desejamos: "Se ao menos eu fosse um adulto". Ficamos adultos e: "Se ao menos eu fosse casado". No papel de esposo: "Se ao menos eu tivesse filhos"...

Não estamos satisfeitos. Contentamento é uma virtude difícil. Por quê?

Porque não há nada na terra que possa satisfazer nosso profundo anseio. Ansiamos ver a Deus. As despedidas da vida sussurram que iremos — e não estaremos satisfeitos enquanto não formos.

Quando Deus Sussurra o seu Nome

O Mestre Construtor

Refrigera a minha alma; guia-me pelas veredas da justiça por amor do seu nome.
Salmos 23.3

É difícil ver as coisas envelhecerem. A cidade onde eu cresci está ficando velha... Algumas construções estão se perdendo. Casas estão sendo demolidas... O velho cinema, onde tive meus encontros, tem um "Vende-se" na fachada...

Gostaria de fazer tudo voltar a ser novo. Gostaria de soprar o pó das ruas... mas não posso.

Eu não posso. Mas Deus pode. Ele "refrigera a minha alma", escreveu o salmista. Ele não reforma; Ele restaura. Ele não disfarça o velho; Ele renova. O Mestre Construtor pegará a planta original e a restaurará. Ele renovará o vigor. Recarregará a energia. Restaurará a esperança. Refrigerará a alma.

O Aplauso do Céu

Um Fogo em Expansão

Rogo-vos, pois, irmãos, pela compaixão de Deus, que apresenteis o vosso corpo em sacrifício vivo, santo e agradável a Deus.
Romanos 12.1

O ressentimento é o entorpecente das emoções. Ele faz o sangue pulsar e eleva o nível de nossa energia. Porém, assim como qualquer droga, exige dosagens cada vez maiores e mais freqüentes. Há um ponto perigoso, no qual a ira deixa de ser uma emoção e torna-se uma força motriz. Uma pessoa propensa à vingança afasta-se cada vez mais, e sem intenção, da capacidade de perdoar. Para ela, estar sem raiva é estar sem uma fonte de energia.

O ódio é o cão enfurecido que se volta contra o dono.

A vingança é o fogo em expansão que consome o incendiário.

A amargura é a armadilha que apanha o caçador.

E a clemência é a escolha que pode pôr todos eles em liberdade.

O Aplauso do Céu.

Você Cativou o Coração de Deus

Como o noivo se alegra com a noiva,
assim se alegrará contigo o teu Deus.
Isaías 62.5

Você já notou como o noivo olha para a noiva durante a cerimônia de casamento? Eu já. Talvez por ser esta a minha perspectiva. Como o ministro da cerimônia, posiciono-me próximo ao noivo.

Se a luz é suficiente e o ângulo correto, posso ver um minúsculo reflexo nos olhos dele. O reflexo dela. E a visão dela recorda-lhe o porquê de ele estar ali. Seu rosto relaxa e seu sorriso forçado se suaviza. Ele se esquece de que está usando um *smoking*. Esquece a camisa molhada de suor... Quando ele a vê, qualquer pensamento de fuga torna-se uma piada. Em seu semblante lê-se: "Quem pode suportar viver sem esta noiva?"

E estes são precisamente os sentimentos de Jesus. Olhe tempo suficiente nos olhos de nosso Salvador e, lá também, você verá uma noiva. Vestida de linho fino. Envolta em pura graça... Ela é a noiva, caminhando em direção a Ele...

E quem é esta noiva por quem Jesus anseia? É você. Você cativou o coração de Deus.

Quando Cristo Voltar

Os Planos de Deus

Deleita-te também no Senhor, e ele te concederá o que deseja o teu coração.
Salmos 37.4

Quando nos submetemos aos planos de Deus podemos confiar em nossos desejos. Nossa designação é achada na interseção do plano de Deus e de nossos gostos. O que você adora fazer? O que lhe traz alegria? O que lhe dá um senso de satisfação?

Alguns gostam de alimentar os pobres. Outros apreciam liderar a igreja... Cada um de nós foi feito para servir a Deus de um modo único.

Os anseios de nossos corações não são acidentais; são mensagens criteriosas. Os desejos do seu coração não devem ser ignorados; são para serem consultados. Assim como a brisa muda a direção do cata-vento, Deus usa as suas paixões para direcionar o curso de sua vida. Deus é cortês demais para pedir-lhe que faça algo que você detesta.

Simplesmente como Jesus

Nosso Problema É o Pecado

Mas transformai-vos pela renovação do vosso entendimento.
Romanos 12.2

Mudança real é um trabalho interno. Você pode alterar as coisas por um dia ou dois, com dinheiro e sistemas, mas o âmago da questão é, e sempre será, a questão do âmago.

Deixe-me ser específico. Nosso problema é o pecado. Não as finanças. Não o orçamento... Nosso problema é o pecado. Estamos em rebelião contra o nosso Criador. Estamos separados de nosso Pai. Estamos desligados da fonte da vida. Um novo presidente ou uma nova política não consertará isto. Este problema só pode ser solucionado por Deus.

É por isto que a Bíblia usa termos drásticos como *conversão*, *arrependimento*, *perdido*, *achado*. A sociedade pode renovar, mas apenas Deus pode recriar.

Quando Deus Sussurra o seu Nome

Verdade em Amor

Justiça e juízo são a base do teu trono;
misericórdia e verdade vão
adiante do teu rosto.
Salmos 89.14

A coisa mais difícil de se buscar é verdade e amor.

A sentença está gramaticalmente correta. Sei que todo professor de gramática gostaria de pluralizá-la dessa forma: As coisas mais difíceis de se buscar são a verdade e o amor. Mas não é isto que quero dizer.

O amor é uma busca difícil.

A verdade também é.

Contudo, coloque os dois juntos; persiga amor e verdade ao mesmo tempo, e você estará no trajeto de sua vida.

Amor em verdade. Verdade em amor. Nunca um à custa do outro. Nunca o abraço do amor sem a tocha da verdade. Nunca o coração da verdade sem a chama do amor...

Perseguir a ambos é a nossa tarefa singular.

The Inspirational Study Bible

É Seguro Acreditar

Quando Jesus foi ressuscitado dentre os mortos, isto foi um sinal do fim da morte como o fim.
ROMANOS 6.5,6 (MSG)

Você não ama esta sentença? "Isto foi um sinal do fim da morte como um fim". A ressurreição é a explosão de uma chama anunciando a todos os servos sinceros que é seguro acreditar. É seguro acreditar na justiça suprema. É seguro acreditar em corpos eternais. É seguro acreditar no céu como nosso patrimônio, e a terra o seu vestíbulo. É seguro acreditar num tempo quando as dúvidas não mais nos manterão acordados, e a dor não nos prostrará. É seguro acreditar em túmulos abertos, em dias sem fim, em louvor genuíno.

Porque podemos aceitar a história da ressurreição é seguro aceitar o restante da história.

Quando Cristo Voltar

O Verdadeiro Filho de Deus

E os seus discípulos, aproximando-se, o despertaram, dizendo: Senhor, salva-nos, que perecemos. E ele disse-lhes: Por que temeis?
MATEUS 8.25,26

Leia este verso: "Então, aproximaram-se os que estavam no barco e adoraram-no, dizendo: És verdadeiramente o Filho de Deus" (Mt 14.33).

Depois da tempestade, os discípulos o adoraram. Eles nunca tinham feito aquilo antes, em grupo. Nunca. Confira. Abra a sua Bíblia. Procure por uma ocasião em que os discípulos, a uma só voz, o tenham adorado.

Você não encontrará.

Você não os verá adorando a Jesus quando Ele curou o leproso. Perdoou os adúlteros. Pregou às massas. Eles estavam dispostos a segui-lo. Dispostos a deixar a família. Dispostos a expulsar demônios. Dispostos a estar no exército.

Porém, eles o adoraram somente após o incidente no mar. Por quê?

Simples. Dessa vez, eram eles que estavam sendo salvos.

In the Eye of the Storm

A Oração Preciosa dos Pais

E todos os teus filhos serão discípulos do Senhor; e a paz de teus filhos será abundante.
Isaías 54.13

Nunca subestime as meditações de um pai e de uma mãe cristãos. Nunca subestime o poder que emana quando um pai ou uma mãe pleiteia com Deus a favor de um filho. Quem sabe quantas orações estão sendo respondidas agora, por causa da oração fiel de um pai ou uma mãe, feita há dez ou vinte anos? Deus ouve a meditação dos pais.

Orar por nossos filhos é uma nobre tarefa. Se o que fazemos nesta sociedade que caminha a passos rápidos está nos impedindo de orar por nossos filhos, estamos fazendo demasiadamente. Não há nada mais especial, mais precioso, que o tempo que um pai ou uma mãe despende em esforço e meditação com Deus, a favor de um filho.

Walking with the Savior

Ver o Invisível

Dá vigor ao cansado e multiplica as forças ao que não tem nenhum vigor.
Isaías 40.29

Um exemplo de fé foi achado na parede de um campo de concentração. Nela, um prisioneiro havia entalhado as seguintes palavras:

Acredito no sol, mesmo se ele não brilha.

Acredito no amor, mesmo quando ele não é demonstrado.

Acredito em Deus, mesmo quando Ele não fala.

Tento imaginar a pessoa que gravou ali estas palavras. Tento visualizar sua mão esquálida segurando o caco de vidro ou de pedra que riscou a parede. Tento imaginar seus olhos apertados, numa tentativa de enxergar através da escuridão, enquanto ela entalhava cada letra. Que mão poderia ter talhado tal convicção? Que olhos poderiam ter visto o bem em meio a tal horror?

Existe apenas uma resposta: Olhos que escolheram ver o invisível.

Ele ainda Remove Pedras

Paciência Infinita

E a paciência [produz] a experiência;
e a experiência, a esperança.
E a esperança não traz confusão.
Romanos 5.4,5

Deus é geralmente mais paciente conosco do que nós mesmos o somos. Nós achamos que, se falhamos, não somos nascidos de novo. Se tropeçamos, não somos verdadeiramente convertidos. Se temos os velhos desejos, não devemos ser uma nova criatura.

Se você está ansioso sobre estas coisas, por favor, lembre-se: "Aquele que em vós começou a boa obra a aperfeiçoará até ao Dia de Jesus Cristo" (Fp 1.6).

Ouvindo Deus na Tormenta

Entregue a Deus suas Preocupações

Enquanto eu me calei,
envelheceram os meus ossos
pelo meu bramido em todo o dia.
Salmos 32.3

Faça a si mesmo duas perguntas:

Há algum pecado não confessado em minha vida?

Confessar é contar a Deus que você fez aquilo que Ele viu você fazer. Ele não precisa ouvi-lo tanto quanto você precisa contá-lo. Se o seu pecado é pequeno demais para ser mencionado, ou grande demais para ser perdoado, não é você quem decide. A sua tarefa é ser honesto.

Há alguma preocupação em meu coração?

"Lançando sobre ele toda a vossa ansiedade, porque ele tem cuidado de vós" (1 Pe 5.7).

A palavra alemã para preocupação significa "estrangular". O vocábulo grego indica "dividir a mente". Ambos são exatos. Preocupação é um laço no pescoço e uma distração da mente, e nenhum deles serve de alegria.

Quando Deus Sussurra o seu Nome

Quais as suas Habilidades?

Tendo diferentes dons, segundo
a graça que nos é dada.
Romanos 12.6

Existem algumas coisas que gostaríamos de fazer, mas simplesmente não estamos equipados para elas. Eu, por exemplo, tenho o desejo de cantar. Cantar para os outros me daria grande satisfação. O problema é que não daria a mesma satisfação à minha audiência...

Paulo dá bons conselhos em Romanos 12.3: "Tenha uma sã estimativa de suas habilidades" (Philips).

Noutras palavras: esteja cônscio de suas capacidades. Quando você ensina, as pessoas ouvem? Quando você guia, as pessoas seguem? Quando você administra, as coisas melhoram? Onde você é mais produtivo? Identifique suas habilidades, e especialize-se nelas.

Falhar em focalizar nossas habilidades pode impedir-nos de realizar as tarefas singulares para as quais Deus nos chamou.

Simplesmente como Jesus

O Templo do Espírito Santo

Ou não sabeis que o nosso corpo
é o templo do Espírito Santo,
que habita em vós, proveniente de Deus,
e que não sois de vós mesmos?
1 CORÍNTIOS 6.19

Você viverá para sempre neste corpo. Ele será diferente, lembre-se. O que agora é torto será reto. O que agora é defeituoso será corrigido. Seu corpo será diferente, mas você não terá um outro corpo. Você terá este. Isto muda a visão que você tem dele? Espero que sim.

Deus tem uma grande consideração por seu corpo. Você também deveria ter. Respeite-o. Eu não disse para você adorá-lo. Eu disse para respeitá-lo. Afinal, ele é o templo de Deus. Cuidado com o modo como você o alimenta, usa e mantém. Você não gostaria que alguém entulhasse a sua casa; Deus também não quer que se faça isto com a dEle. Afinal, é dEle, não é?

Quando Cristo Voltar

Deus Vê o nosso Valor

O Senhor não vê como vê o homem.
Pois o homem vê o que está
diante dos olhos, porém o Senhor
olha para o coração.
1 Samuel 16.7

Deus nos vê com olhos de Pai. Vê nossos defeitos, erros e manchas. Contudo, vê também o nosso valor.

O que Jesus sabia que o habilitou a fazer o que fez?

Eis aqui parte da resposta: Ele sabia o valor das pessoas. Sabia que cada ser humano é um tesouro. E por causa do que Ele fez, as pessoas não são uma fonte de estresse, mas uma fonte de alegria.

In the Eye of the Storm

Bancarrota Espiritual

E a sua misericórdia é de geração em geração sobre os que o temem.
Lucas 1.50

Deus não nos salvou por causa do que fizemos. Só um deus fraco poderia ser comprado com dízimos. Somente um deus egoísta seria impressionado por nosso sofrimento. Apenas um deus temperamental poderia ser satisfeito com sacrifícios. Somente um deus sem coração venderia salvação aos arrematadores.

E somente um grande Deus faz por seus filhos o que eles não podem fazer por si mesmos.

O deleite de Deus é recebido após a rendição, não concedido após a conquista. O primeiro passo para a alegria é um apelo por ajuda, um reconhecimento de destituição moral, uma admissão de exigüidade íntima. Aqueles que experimentaram a presença de Deus declararam falência espiritual, e estão cônscios dessa crise... Seus bolsos estão vazios. Suas opções se foram. Eles têm ansiado desde que pararam de exigir justiça; estão suplicando por misericórdia.

O Aplauso do Céu

Procure sua Semelhança

O Senhor, teu Deus, é Deus, o Deus fiel, que guarda o concerto e a misericórdia até mil gerações aos que o amam e guardam os seus mandamentos.
Deuteronômio 7.9

Nós somos idéia de Deus. Somos dEle. Sua face. Seus olhos. Suas mãos. Seu toque. Somos seus. Olhe profundamente na face de cada ser humano na terra, e você verá a semelhança de Deus. Não obstante alguns pareçam ser parentes distantes, não o são. Deus não tem primos, apenas filhos.

Nós somos, incrivelmente, o corpo de Cristo. Embora possamos não agir como o nosso Pai, não há verdade maior que esta: somos dEle. Inalteravelmente. Ele nos ama. Infinitamente. Nada nos pode separar do amor de Cristo (Rm 8.38,39).

Ouvindo Deus na Tormenta

Um Lugar de Permanência

E o Senhor te guiará continuamente.
ISAÍAS 58.11

Você esteve lá. Você escapou da fundação arenosa do vale, e ascendeu ao seu maravilhoso afloramento de granito. Você virou as costas ao barulho, e buscou a sua voz. Você afastou-se das massas e seguiu o Mestre, enquanto Ele o guiava no sinuoso caminho para o topo. Gentilmente, o seu Guia pediu-lhe que se sentasse na rocha acima da linha das árvores, e olhasse com Ele para os picos antigos, que nunca se desgastarão. "O que é necessário é ainda o que é certo", confidencia Ele. "Apenas lembre-se:

"Você não irá a nenhum lugar onde eu já não tenha estado.

"A verdade ainda triunfará...

"A vitória é sua..."

O topo sagrado. Um lugar de permanência num mundo de transição.

O Aplauso do Céu

Quatro Hábitos que Valem a Pena

Antes, crescei na graça
e conhecimento de nosso Senhor
e Salvador Jesus Cristo.
2 PEDRO 3.18

O crescimento é a meta do cristão. A maturidade é obrigatória. Se uma criança parasse de se desenvolver, os pais ficariam preocupados, certo?

Quando um cristão pára de crescer é necessário ajuda. Se você é o mesmo crente que era alguns meses atrás, cuidado. É melhor fazer um *check-up*. Não em seu corpo, mas em seu coração. Não um *check-up* físico, mas espiritual.

Posso sugerir um?

Por que você não checa os seus hábitos? Faça destes quatro hábitos atividades regulares, e veja o que acontece.

Primeiro, o hábito da oração. Segundo, o do estudo. Terceiro, o de contribuir. E por último, o do companheirismo.

Quando Deus Sussurra o seu Nome

Um Foco para a Vida

E, tudo quanto fizerdes,
fazei-o de todo o coração,
como ao Senhor e não aos homens.
COLOSSENSES 3.23

Quando temos o primeiro indício de que Jesus sabia que era o Filho de Deus? No Templo de Jerusalém. Ele tinha doze anos. Seus pais já haviam partido, fazia três dias, na viagem de regresso a Nazaré, quando deram por sua falta. Encontraram-no dentro do Templo, estudando com os doutores.

Menino ainda, Jesus já sente a chamada de Deus. Mas o que Ele faz a seguir? Recruta apóstolos, prega sermões e faz milagres? Não, vai para casa, para o seu povo, e aprende o ofício da família.

É isto exatamente o que você deve fazer. Quer trazer foco para a sua vida? Faça o que Jesus fez. Vá para casa, ame sua família e cuide do serviço. "Mas, Max, eu quero ser um missionário". Seu primeiro campo missionário é sob o seu teto. O que o faz pensar que acreditarão em você além-mar, se não acreditam em você sob seu próprio teto?

Simplesmente como Jesus

Deus Está em nosso Time

[Eu] estava abatido, mas ele me livrou.
SALMOS 116.6

Em minha infância, as crianças de nossa vizinhança jogavam futebol de rua. No minuto em que chegávamos da escola, largávamos os livros e ganhávamos a calçada. O menino do outro lado da rua tinha um pai com um grande braço e uma forte inclinação para o futebol. Tão logo o carro dele apontava na rua, ao voltar do trabalho, começávamos a gritar para que viesse jogar bola. Ele não resistia. Sem volteios, ele sempre perguntava: "Que time está perdendo?" E então juntava-se ao tal time, que sempre parecia ser o meu.

Sua aparição mudava completamente o jogo. Ele era confiante, forte, e, acima de tudo, tinha um plano. Formávamos um círculo à sua volta, ele olhava para nós e dizia: "O.k., meninos, eis o que vamos fazer". O outro lado estava gemendo, antes que deixássemos a conferência. Veja bem, não tínhamos apenas um novo plano, mas um novo líder.

Ele trazia vida nova ao nosso time. Deus faz exatamente o mesmo. Não precisamos de um novo jogo; precisamos de um novo plano. Não precisamos trocar de posição; precisamos de um novo jogador. Este jogador é Jesus Cristo, o Primogênito de Deus.

Nas Garras da Graça

Aperfeiçoado

E jamais me lembrarei de seus pecados e de suas iniqüidades.
HEBREUS 10.17

"Com uma só oblação, aperfeiçoou para sempre os que são santificados" (Hb 10.14).

Sublinhe a palavra aperfeiçoou. Note que a palavra não é *melhorou*. Não é *refinou*. Não é *elevou*. Deus não melhora; aperfeiçoa. Ele não aumenta; completa.

Agora compreendo que há um sentido no qual somos imperfeitos. Ainda erramos. Ainda tropeçamos. Ainda fazemos exatamente o que não queremos fazer. E essa parte de nós está, de acordo com o versículo, sendo aperfeiçoada.

Todavia, quando se trata de nossa posição diante de Deus, estamos perfeitos. Quando vê cada um de nós, Ele vê alguém que foi aperfeiçoado através daquEle que é perfeito — Jesus Cristo.

In the Eye of the Storm

Separado

Mas o fruto do Espírito é: caridade, gozo, paz, longanimidade, benignidade, bondade, fé, mansidão, temperança.
Gálatas 5.22

No terceiro século, São Cipriano escreveu a um amigo chamado Donato:

Este parece um mundo alegre, Donato, quando o vejo deste belo jardim... No entanto, se eu subisse algumas montanhas altas, e olhasse de lá... você sabe muito bem o que eu veria: salteadores nas estradas, piratas nos mares; nos anfiteatros, homens matando para deleitar as multidões que aplaudem...

Mesmo em meio a isto encontrei um povo sossegado e santo... Eles são desprezados e perseguidos, mas não se importam. Eles superaram o mundo. Este povo, Donato, são os cristãos...

Que elogio! *Um povo sossegado e santo...* Sossegado. Não detestável. Não orgulhoso. Não exigente. Simplesmente sossegado.

Santo. Separado. Puro. Decente. Honesto. Salutar.

The Inspirational Study Bible

Resgatado pelo Céu

Na verdade, na verdade vos digo
que quem ouve a minha palavra e crê
naquele que me enviou tem a vida eterna
JOÃO 5.24

Quando reconhecer a Deus como Criador, você o admirará. Quando reconhecer sua sabedoria, aprenderá dEle. Quando descobrir a sua força, confiará nEle. Mas somente quando Ele o salvar você o adorará.

É um enredo "antes e depois". Antes da sua salvação, você pode facilmente manter Deus à distância. Claro que Ele é importante, mas a sua carreira também o é. O seu *status*, o seu salário...

Então veio a tempestade, o furor, a luta, os ancoradouros rachados... O desespero caiu como um nevoeiro; seus pontos de apoio se foram. Em seu coração você sabia que não havia saída.

Voltar-se à sua carreira em busca de ajuda? Só se você quiser se esconder da tempestade, não escapar dela. Apoiar-se em seu *status* para obter força? Uma tempestade não se impressiona com títulos.

De repente, você é deixado com uma única opção: Deus.

In the Eye of the Storm

Deixe os Redimidos Contarem como É

E vos vestistes do novo, que se renova para o conhecimento, segundo a imagem daquele que o criou.
COLOSSENSES 3.10

Fico pensando se Jesus não apresenta um leve sorriso enquanto vê sua ovelha perdida chegar vagando no aprisco — a sua ovelha exausta, ferida, suja que pára na porta e, levantando os olhos ao Pastor, pergunta: "Posso entrar? Eu não mereço, mas, há lugar em seu reino para mais um?" O Pastor olha para a ovelha e responde: "Entre, este é o seu lar".

Salvação é o processo concluído, seguro, que ninguém pode tirar de você. A santificação é um processo que dura a vida toda, indo de um degrau de glória ao outro, crescendo em Cristo, pondo fora o velho, pegando o novo.

O salmista Davi nos diria que aqueles que foram redimidos contariam como é. Se não estamos contando como é, é porque nos esquecemos o que é ser redimido. Deixe os redimidos da terra contarem como é!

Walking with the Savior

Deus Revigora nossos Esforços

... a quem anunciamos, admoestando a todo homem e ensinando a todo homem em toda a sabedoria; para que apresentemos todo homem perfeito em Jesus Cristo; e para isto também trabalho, combatendo segundo a sua eficácia, que opera em mim poderosamente.
COLOSSENSES 1.28,29

Olhe para o objetivo de Paulo, que tenciona *apresentar todo homem perfeito em Jesus Cristo*. Paulo sonha com o dia em que cada pessoa será salva em Cristo. Qual era o seu método? Admoestação e ensino. As ferramentas de Paulo? Verbos. Substantivos. Sentenças. Lições. O mesmo equipamento que você e eu possuímos.

Era mais fácil que agora? Não acho. Paulo chamava-o de trabalho. *Para este fim, eu laboro*, escreveu ele. Labor significa trabalho. Trabalho significa lares visitados, pessoas tocadas, aulas preparadas.

Como ele fazia isto? Qual era a sua fonte de energia? Ele trabalhava *segundo a sua eficácia, que opera em mim poderosamente*.

Enquanto Paulo trabalhava, o mesmo fazia Deus. E enquanto você trabalha, o mesmo faz o Pai.

Quando Deus Sussurra o seu Nome

Deus Sabe o que É Melhor

Confia no Senhor de todo
o teu coração e não te estribes
no teu próprio entendimento.
PROVÉRBIOS 3.5

O problema com este mundo é que ele não serve. Oh, ele servirá por enquanto, mas não é feito sob medida. Fomos feitos para viver com Deus, mas na terra vivemos pela fé. Fomos feitos para viver para sempre, mas nesta terra vivemos por um momento...

Devemos confiar em Deus. Devemos confiar não apenas que Ele faz o que é melhor, mas também que Ele sabe o que está à frente. Pondere nas palavras de Isaías: "Perece o justo, e não há quem considere isso em seu coração, e os homens compassivos são retirados, sem que alguém considere que o justo é levado antes do mal. Ele entrará em paz; descansarão nas suas camas os que houveram andado na sua retidão" (Is 57.1,2).

Puxa, que pensamento! Deus os está livrando dos dias maus que estão por vir. Poderia a morte ser graça de Deus? Poderia o funeral ser o toque de segurança de Deus? Tão horrível que é a sepultura, poderia ela ser a proteção de Deus para o futuro?

"Confie em Deus", insta Jesus, "e confie em mim".

Ouvindo Deus na Tormenta

Mudado à sua Semelhança

Transformará o nosso corpo abatido,
para ser conforme o seu corpo glorioso,
segundo o seu eficaz poder de sujeitar
também a si todas as coisas.
FILIPENSES 3.21

O que sabemos acerca de nossos corpos ressurretos? Eles serão diferentes de qualquer coisa que imaginamos.

Pareceremos tão diferentes que não seremos instantaneamente reconhecidos? Talvez. (Pode ser que precisemos de etiquetas com nomes.) Atravessaremos as paredes? As chances são de que faremos muito mais.

Levaremos conosco as cicatrizes dos sofrimentos da vida? As marcas da guerra. As desfigurações das enfermidades. As chagas da violência. Estas coisas permanecerão em nossos corpos? Esta é uma boa pergunta. Jesus, ao menos por quarenta dias, conservou as dEle. Também conservaremos as nossas? Sobre este assunto temos apenas opiniões, mas a minha opinião é que não as conservaremos. Pedro nos diz que "pelas suas feridas fostes sarados" (1 Pe 2.24). Nos registros do céu apenas uma ferida vale a pena ser lembrada. E esta é a ferida de Jesus. Nossas feridas não mais existirão.

Quando Cristo Voltar

O Tribunal do Mundo

E ser-me-eis testemunhas
tanto em Jerusalém como em toda a Judéia
e Samaria, e até aos confins da terra.
ATOS 1.8

Somos testemunhas. E como testemunhas num tribunal, somos convocados a testificar, a contar o que vimos e ouvimos. E devemos falar honestamente. Nossa tarefa não é encobrir nem empolar a verdade. Nossa tarefa é contar a verdade. Ponto final.

Há, no entanto, uma diferença entre a testemunha no tribunal e a testemunha para Cristo. No tribunal, a testemunha eventualmente desce da cadeira das testemunhas, mas a testemunha de Cristo nunca o faz. Uma vez que a reivindicação de Cristo está sempre em julgamento, o tribunal está perpetuamente em sessão, e nós permanecemos sob juramento.

Simplesmente como Jesus

A Escolha É nossa

E desposar-te-ei comigo para sempre;
desposar-te-ei comigo em justiça, e em juízo,
e em benignidade, e em misericórdias.
OSÉIAS 2.19

Por todas as suas peculiaridades e características distintas, a Bíblia tem uma história simples. Deus fez o homem. O homem rejeitou a Deus. Deus não desistirá até conquistá-lo de volta.

Deus sussurrará. Deus gritará. Ele tocará e puxará. Tirará as nossas cargas, e até retirará as nossas bênçãos. Se houver mil passos entre Ele e nós, Ele percorrerá todos, menos um. Ele deixará o último para nós. A escolha é nossa.

Por favor, entenda. A meta de Deus não é fazer você feliz. A sua meta é fazer você dEle. Não é lhe dar o que você quer; é dar-lhe o que você necessita.

Ouvindo Deus na Tormenta

Setembro

Retenhamos firmes
a confissão da nossa esperança,
porque fiel é o que prometeu.

—HEBREUS 10.23

Deus nos Torna Justos outra Vez

Cria em mim, ó Deus, um coração puro
e renova em mim um espírito reto.
Salmos 51.10

Estamos sedentos.

Não sedentos de fama, posses, paixões ou romances. Já bebemos dessas poças. Elas são água salobra no deserto. Não saciam; matam.

"Bem-aventurados os que têm fome e sede de justiça."

Justiça. É isto. É disto que temos sede. Estamos sedentos de uma consciência limpa. Almejamos um banho de limpeza. Ansiamos por um novo começo. Suplicamos por uma mão que entre na escura caverna de nosso mundo, e faça por nós a única coisa que não podemos fazer por nós mesmos: tornar-nos justos outra vez.

O Aplauso do Céu

Governado pelo Amor

[Em Cristo] temos a redenção pelo seu sangue, a remissão das ofensas, segundo as riquezas da sua graça.

Efésios 1.7

Jesus falou de liberdade, mas de uma liberdade diferente: do tipo que vem, não através do poder, mas da submissão. Não por meio do controle, mas da rendição. Não por intermédio de posses, mas de mãos abertas.

Deus quer emancipar o seu povo; quer pô-lo em liberdade. Ele deseja que o seu povo seja, não escravos, mas filhos. Ele almeja que sejam governados, não pela lei, mas pelo amor.

Fomos libertados de nossas culpas e de nosso legalismo. Temos a liberdade de orar e de amar o Deus do nosso coração. E fomos perdoados pelo único que pode condenar-nos. Estamos verdadeiramente livres!

Walking with the Savior

Uma Vida Livre de Confusão

Porque onde estiver o vosso tesouro,
aí estará também o vosso coração.
MATEUS 6.21

A vida mais poderosa é a vida mais simples. A vida mais poderosa é a vida que sabe aonde está indo; que sabe onde está a fonte de força. E a vida mais poderosa é a vida livre de confusão e de imprevistos e de precipitações.

Ser ocupado não é pecado. Jesus era ocupado. Paulo era ocupado. Pedro era ocupado. Nada significativo é alcançado sem esforço, trabalho duro e fadiga. Estar ocupado, por dentro e por fora, não é pecado. Contudo, estar ocupado numa busca sem fim de coisas que nos deixam vazios, ocos e quebrados por dentro não pode agradar a Deus.

Uma das fontes de fadiga do homem é a procura de coisas que jamais podem satisfazer. Entretanto, quem de nós nunca foi apanhado nesta busca, alguma vez na vida? Nossas paixões, posses e orgulho — tudo coisas *mortas*. Quando tentamos extrair vida de coisas mortas o resultado é apenas cansaço e insatisfação.

Walking with the Savior

Deus, nosso Defensor

Só ele é a minha rocha e a minha salvação;
é a minha defesa; não serei abalado.
SALMOS 62.6

Eis uma grande questão: O que Deus está fazendo quando você se acha numa situação difícil? Quando o barco salva-vidas faz água? Quando a corda desfiada se rompe? Quando o último centavo se vai antes que a última conta seja paga?...

Sei o que estamos fazendo. Roendo as unhas até o sabugo. Gastando o assoalho de tanto ir e vir. Tomando pílulas...

Mas o que faz Deus?

Ele luta por nós. Ele entra no ringue, aponta-nos o nosso canto e assume a luta. "O Senhor pelejará por vós, e vos calareis" (Êx 14.14).

A tarefa dEle é lutar. A nossa é confiar.

Apenas confie. Não dirija. Nossa questão... Nossa tarefa é orar e esperar.

Quando Deus Sussurra o seu Nome

Não se Apavore

Retenhamos firmes a confissão
da nossa esperança,
porque fiel é o que prometeu.
HEBREUS 10.23

Seus desapontamentos pesam demais? Leia a história dos discípulos à caminho de Emaús. O Salvador, que eles pensavam estar morto, caminhava ao lado deles. Ele entrou em sua casa e sentou-se à sua mesa. E algo aconteceu em seus corações. "Porventura, não ardia em nós o nosso coração quando, pelo caminho, nos falava e quando nos abria as Escrituras?" (Lc 24.32)

Da próxima vez que for desapontado não entre em pânico. Não desista. Apenas seja paciente, e deixe Deus lembrá-lo de que Ele ainda está no controle. Nada terminará até que Ele o determine.

Ele ainda Remove Pedras

A Paga do Engano

O que usa de engano não ficará dentro da minha casa; o que profere mentiras não estará firme perante os meus olhos.
Salmos 101.7

Mais de uma vez ouvi pessoas referirem-se à história de Ananias e Safira com uma risada nervosa, e dizer: "Que bom que Deus não mata mais as pessoas por mentir". Não estou bem certo de que Ele não o faça. Parece-me que o salário para o engano ainda é a morte. Não a morte do corpo, talvez, mas a morte de:

Um casamento — A falsidade é um cupim no tronco da árvore genealógica.

Uma consciência — A tragédia da segunda mentira é que ela é sempre mais fácil de contar que a primeira.

Uma carreira — Pergunte ao aluno que foi expulso por colar, e ao empregado que foi demitido por desfalque, se a mentira não é fatal...

Poderíamos alistar ainda a morte da intimidade, da verdade, da paz, da credibilidade e do auto-respeito. No entanto, talvez a morte mais trágica que provém do engano seja a do nosso testemunho cristão. A corte não ouvirá o testemunho de uma testemunha perjura. Nem o mundo.

Simplesmente como Jesus

Deus Ama a Verdade

Os lábios mentirosos são abomináveis ao Senhor, mas os que agem fielmente são o seu deleite.
Provérbios 12.22

Nosso Mestre tem um código de honra estrito. De Gênesis a Apocalipse, o tema é o mesmo: Deus ama a verdade e odeia o engano. Em 1 Coríntios 6.9,10, Paulo alista o tipo de pessoas que não herdarão o Reino de Deus. O bando que ele retrata é um grupo esfarrapado daqueles que pecam sexualmente, adoram ídolos, tomam parte em adultério, vendem seus corpos, embebedam-se, seqüestram pessoas e — aqui está — mentem sobre os outros.

Tanto rigor pode surpreendê-lo. *Você quer dizer que as minhas lorotas e engabelações despertam a mesma ira celeste que o adultério e o assalto com agravo?* Aparentemente, sim.

Por que a linha dura? Por que a postura rígida?

Por uma razão: a desonestidade é absolutamente contrária ao caráter de Deus.

Simplesmente como Jesus

Bem-aventurados os Focalizados

Cada um administre aos outros o dom como o recebeu, como bons despenseiros da multiforme graça de Deus.
1 PEDRO 4.10

Existe apenas um punhado de areia na ampulheta. Quem entende isto?

Você sabe do que estou falando, não sabe?

A Associação de Pais e Mestres precisa de um novo tesoureiro. Com o seu conhecimento, experiência, talento, sabedoria, amor pelas crianças e diploma em contabilidade, VOCÊ é a pessoa perfeita para o cargo!

É um cabo de guerra, e você, a corda.

"Bem-aventurados os mansos", declarou Jesus. A palavra *manso* não significa fraco. Significa focalizado. É uma palavra usada para descrever um garanhão domesticado. Poder sob controle.

Bem-aventurados aqueles que reconhecem suas responsabilidades dadas por Deus. Bem-aventurados aqueles que sabem que há um único Deus, e têm aberto mão de sua posição. Bem-aventurados aqueles que sabem o que têm a fazer na terra, e consagram-se a fazê-lo.

In the Eye of the Storm

Medo e Fé

Perto da meia-noite, Paulo e Silas oravam
e cantavam hinos a Deus,
e os outros presos os escutavam.
Atos 16.25

Grandes atos de fé raramente nascem de um cálculo sereno.

Não foi a lógica que levou Moisés a erguer seu cajado à beira do mar Vermelho.

Não foi uma pesquisa médica que convenceu Naamã a mergulhar sete vezes no rio.

Não foi o senso comum que fez Paulo abandonar a Lei e abraçar a graça.

E não foi um comitê confiante que orou numa pequena sala, em Jerusalém, para que Pedro fosse liberto da prisão. Foi um bando de crentes assustados, desesperados, encolhidos num canto. Foi uma igreja que não tinha opções. Uma congregação que não tinha a quem apelar.

E nunca eles foram mais fortes.

No começo de cada ato de fé, geralmente, há uma semente de medo.

In the Eye of the Storm

Quem Pode Sondar a Eternidade?

[Deus] pôs a eternidade no coração do homem.
Eclesiastes 3.11 (ARA)

Não é preciso grande sabedoria para saber que as pessoas anseiam mais que a terra. Quando vemos dor, ansiamos. Quando vemos fome, perguntamos por quê. Mortes sem razão. Lágrimas sem fim. Perdas desnecessárias...

Temos os nossos momentos. O recém-nascido em nosso peito, a noiva em nossos braços, os raios do sol em nossas costas. Contudo, até mesmo esses momentos são simplesmente pequenos raios de luz atravessando a janela do céu. Deus flerta conosco. Provoca-nos. Romanceia. Esses momentos são aperitivos das iguarias por vir.

"As coisas que o olho não viu, e o ouvido não ouviu, e não subiram ao coração do homem são as que Deus preparou para os que o amam" (1 Co 2.9).

Que versículo empolgante! Notou o que ele diz? O céu está além da nossa imaginação... Em nosso momento mais criativo, em nosso pensamento mais profundo, em nosso nível mais elevado, ainda não podemos sondar a eternidade.

Quando Deus Sussurra o seu Nome

De Dentro para Fora

E eu rogarei ao Pai,
e ele vos dará outro Consolador,
para que fique convosco para sempre,
o Espírito da verdade.
João 14.16,17

O cristianismo faça-você-mesmo não é muito encorajador para o cansado-por-dentro e gasto-por-fora.

Auto-santificação oferece pouca esperança ao viciado...

Em algum ponto, necessitamos mais que bons conselhos; precisamos de ajuda. Em algum lugar desta jornada para o céu, percebemos que a proposta meio a meio é muito pouco. Necessitamos de mais.

Carecemos de ajuda. Ajuda de dentro para fora... Não perto de nós. Não acima de nós. Não à nossa volta. Mas em nós. Na parte de nós que nem mesmo conhecemos. No coração que ninguém mais viu. No recesso oculto de nosso ser habita, não um anjo, não uma filosofia, não um gênio, mas Deus.

Quando Deus Sussurra o seu Nome

O Triunfo Final

Se o grão de trigo, caindo na terra,
não morrer, fica ele só;
mas, se morrer, dá muito fruto.
JOÃO 12.24

Fazemos todo o possível para viver e não morrer. Deus, no entanto, afirma que devemos morrer a fim de viver. Quando você planta uma semente ela deve morrer antes de crescer. O que enxergamos como uma tragédia final Deus vê como um triunfo derradeiro.

E quando um cristão morre não é hora de desespero, mas de confiança. Assim como a semente é enterrada, e o invólucro material decomposto, o nosso corpo carnal será enterrado e decomposto. Mas assim como da semente enterrada brota nova vida, o nosso corpo florescerá em um novo corpo.

A semente enterrada na terra florescerá no céu. A sua alma e o seu corpo reunir-se-ão, e você será igual a Jesus.

Quando Cristo Voltar

Mais Doce após um Descanso

Porque em seis dias fez o Senhor
os céus e a terra, o mar e tudo que neles há,
e ao sétimo dia descansou.
ÊXODO 20.11

O tempo tem subido muito em valor. O valor de qualquer artigo depende de sua escassez. E o tempo, que uma vez já foi abundante, agora está indo para o maior arrematador...

Quando eu tinha dez anos minha mãe matriculou-me num curso de piano. Passar trinta minutos, todas as tardes, preso a um banco de piano era torturante.

Contudo, aprendi a apreciar um pouco de música. Eu martelava as teclas. Abusava dos crescendos... Mas havia uma instrução na música que nunca pude obedecer, para desespero de minha professora. O *descanso*. O comando ziguezagueante — a semínima — para fazer nada. Que sentido faz aquilo? Por que sentar-se ao piano e parar, quando se pode martelá-lo?

"Porque", explicou pacientemente a professora, "a música é sempre mais doce após um descanso".

Não fazia sentido para mim, aos dez anos. Mas agora, algumas décadas depois, as palavras soam com sabedoria — sabedoria divina.

O Aplauso do Céu

O Poder de suas Mãos

E o justo seguirá o seu caminho firmemente, e o puro de mãos irá crescendo em força.
Jó 17.9

E se alguém fosse filmar um documentário sobre as suas mãos? E se um produtor fosse contar a sua história baseado na vida de suas mãos? O que será que veríamos? Assim como aconteceria com todos nós, o filme seria com um punho infantil, depois com um *close* de uma mão pequenina fechada em torno do dedo de uma mãe. E depois? Segurando-se numa cadeira, enquanto você aprendia a andar?...

Se você fosse mostrar o documentário aos seus amigos, ficaria orgulhoso de certos momentos: suas mãos estendidas com um presente, pondo um anel num outro dedo, cuidando de uma ferida, preparando uma refeição. E então, lá estaria outra cena: mãos tomando mais do que dando, exigindo em vez de oferecer...

Oh, o poder de nossas mãos. Deixe-as por conta própria, e elas se tornarão armas: arranhando por poder, estrangulando por sobrevivência, seduzindo por prazer. Mas controle-as, e elas se tornarão instrumentos de graça — não apenas ferramentas nas mãos de Deus, mas as suas próprias mãos.

Simplesmente como Jesus

Para Falar a Verdade

Falai a verdade cada um com o seu próximo.
EFÉSIOS 4.25

Você está num dilema, pensando se deve dizer a verdade ou não? A pergunta a fazer em tais momentos é: Deus abençoará o meu engano? Ele, que odeia a mentira, abençoará uma estratégia construída sobre mentiras? O Senhor, que ama a verdade, abençoará um negócio desonesto? Deus honrará a carreira de um manipulador? Também acho que não.

Examine seu coração. Faça a si mesmo algumas perguntas difíceis.

Estou sendo completamente honesto com meu cônjuge e meus filhos? Meus relacionamentos são marcados por franqueza? E quanto ao meu ambiente de trabalho ou de estudo? Sou honesto em meu procedimento? Sou um aluno digno de confiança? Um contribuinte honesto?..

Você fala a verdade... sempre?

Se não, comece hoje. Não espere até amanhã. A ondulação da mentira de hoje é o vagalhão de amanhã e o dilúvio do próximo ano.

Simplesmente como Jesus

Que Deus!

Ó Senhor, Deus dos Exércitos,
quem é forte como tu, Senhor,
com a tua fidelidade ao redor de ti?!
SALMOS 89.8

Pondere no feito de Deus:

Ele não desculpa nossos pecados, nem compromete o seu padrão.
Ele não ignora nossa rebelião, nem relaxa as suas demandas.
Em vez de repudiar nossos pecados, Ele os assume e, inacreditavelmente, sentencia a si próprio.
A santidade de Deus é honrada. Nossos pecados são punidos. E nós, redimidos.
Deus faz o que não podemos fazer para que sejamos o que nem ousamos sonhar: perfeitos perante Deus.

Nas Garras da Graça

O Nome de Deus em seu Coração

Torre forte é o nome do Senhor;
para ela correrá o justo
e estará em alto retiro.
Provérbios 18.10

Quando você estiver confuso acerca do futuro, vá para o *Jeová-Raá*, seu atencioso pastor. Quando estiver ansioso quanto às provisões, fale com *Jeová-Jiré*, o Senhor da providência. Está sendo desafiado pelos poderosos? Peça ajuda a *Jeová-Shalom*, o Senhor é paz. Seu corpo está enfermo? Suas emoções abaladas? *Jeová-Rafá*, o Senhor que cura, o contempla agora. Você se sente como um soldado encurralado atrás das linhas inimigas? Refugie-se em *Jeová-Nissi*, o Senhor é a minha bandeira.

Meditar acerca dos nomes de Deus lembrará a você as características do Senhor. Pegue estes nomes e guarde-os em seu coração.

Deus é

o Senhor que guia,
o Senhor que provê,
a voz que na tormenta nos traz a paz,
o médico que cura o doente, e
a bandeira que guia o soldado.

A Grande Casa de Deus

Um Fardo Pesado demais

Toda amargura, e ira, e cólera,
e gritaria, e blasfêmias, e toda malícia
seja tirada de entre vós.
EFÉSIOS 4.31

Oh, o aperto gradual do ódio. Seu estrago começa como a rachadura em meu pára-brisa. Graças a um caminhão em alta velocidade numa estrada de cascalho, meu vidro foi trincado. Com o tempo, o trincado tornou-se uma rachadura, e a rachadura, um tributário sinuoso... Eu não podia guiar meu carro sem pensar no ignorante que dirigia rápido demais. Embora nunca o tivesse visto, podia descrevê-lo. Ele era algum malandro vagabundo, que enganava a esposa, dirigia com seis latas de cerveja no banco e deixava a televisão tão alta, que os vizinhos não podiam dormir...

Já ouviu a expressão "cego de raiva"?

Deixe-me ser bem claro. O ódio azedará a sua perspectiva e quebrará as suas costas. O fardo da amargura é simplesmente pesado demais. Seus joelhos se dobrarão sob a carga, e o seu coração se romperá embaixo do peso. A montanha à sua frente já é bastante íngreme sem a opressão do ódio em suas costas. A escolha mais sábia — a *única* escolha — é você abandonar a ira. Você nunca será solicitado a dar a alguém mais graça do que Deus já deu a você.

Nas Garras da Graça

Imagine Ver a Deus

O Senhor, que fez o céu e a terra,
te abençoe desde Sião!
SALMOS 134.3

O escritor de Hebreus nos presenteia com um extrato da *Geografia Universal* do céu. Ouça como ele descreve o monte Sião. Ele diz que quando nos aproximarmos do monte, teremos chegado "à cidade do Deus vivo... e aos muitos milhares de anjos, à universal assembléia e igreja dos primogênitos, que estão inscritos nos céus" (Hb 12.22,23).

Que montanha! Não será maravilhoso ver os anjos? Saber finalmente qual a sua aparência e quem são eles?

Imagine a reunião dos primogênitos. O encontro de todos os filhos de Deus. Nada de ciúme. Nada de competição. Nenhuma divisão... Seremos perfeitos. Sem pecado.

E imagine ver a Deus. Finalmente, fitar o rosto de nosso Pai. Sentir o olhar do Pai sobre você. E nada disso jamais cessará.

Quando Deus Sussurra o seu Nome

Focalize na Majestade de Deus

Ao qual, não o havendo visto, amais;
no qual, não o vendo agora,
mas crendo, vos alegrais.
1 PEDRO 1.8

Há alguns anos, um sociólogo acompanhou um grupo de montanhistas numa expedição. Dentre outras coisas, ele observou uma distinta correlação entre cobertura de nuvens e contentamento. Quando não havia nenhuma nuvem e o pico estava à vista, os alpinistas mostravam-se vigorosos e cooperativos. Quando as nuvens cinzentas eclipsavam a visão da montanha, porém, eles tornavam-se taciturnos e egoístas.

O mesmo acontece conosco. Enquanto mantemos nossos olhos na majestade de Deus há uma vivacidade em nossos passos. Mas deixe nossos olhos focalizarem a lama sob nós, e rosnaremos sobre cada pedra e cada fenda que tivermos de transpor. Por esta razão, Paulo insta: "Portanto, se já ressuscitastes com Cristo, buscai as coisas que são de cima, onde Cristo está assentado à destra de Deus. Pensai nas coisas que são de cima e não nas que são da terra" (Cl 3.1,2).

A Grande Casa de Deus

Vigie o Porto

Sede sóbrios, vigiai, porque o diabo, vosso adversário, anda em derredor, bramando como leão, buscando a quem possa tragar; ao qual resisti firmes na fé.
1 PEDRO 5.8,9

Você tem de admitir, alguns de nós estão com o coração entulhado. Basta qualquer refugo bater à porta, e corremos a abrir. A ira aparece, e a deixamos entrar. A vingança precisa de um lugar para ficar, e a mandamos puxar uma cadeira. A lamentação quer dar uma festa, e lhe mostramos a cozinha. A luxúria toca a campainha, e mudamos os lençóis da cama. Não sabemos dizer não?

Muitos não sabem. Para a maioria de nós o conceito de administração é... bem, inopinado. Pensamos muito sobre administração do tempo, administração do peso, administração pessoal, e até administração do couro cabeludo. Mas e quanto à administração do pensamento? Não deveríamos estar tão interessados em controlar nossos pensamentos quanto estamos interessados em controlar qualquer outra coisa? Jesus estava. Como um soldado treinado guardando o portão de uma cidade, Ele vigiava sobre a sua mente. Ele guardava obstinadamente a entrada do coração...

Se Ele o fazia, não deveríamos nós fazê-lo também?

Simplesmente como Jesus

Olhe para Cima

Senhor, mostra-nos o Pai, o que nos basta.
João 14.8

Biografias de discípulos corajosos começam com capítulos de franco terror. Medo da morte. Medo do fracasso. Medo da solidão. Medo de uma vida desperdiçada. Medo de falhar em conhecer a Deus.

A fé começa quando você vê a Deus na montanha, e você está no vale, e você sabe que é fraco demais para fazer a escalada. Você vê o que precisa... vê o que você tem... e o que você vê não é suficiente para realizar coisa alguma.

Moisés tinha um mar à frente e um inimigo atrás. Os israelitas podiam nadar ou lutar. Mas nenhuma opção era suficiente.

Paulo dominava a fundo a Lei. Era especializado no sistema. Contudo, um vislumbre de Deus convenceu-o de que sacrifícios e símbolos não eram suficientes.

A fé que começa com temor acabará mais perto do Pai.

In the Eye of the Storm

Confie em Deus quanto ao Futuro

Não se turbe o vosso coração;
credes em Deus,
crede também em mim.
JOÃO 14.1

Nossas mentes pequenas são incapazes de lidar com conceitos de eternidade. Quando se trata de um mundo sem fronteiras de espaço e de tempo, não alcançamos tal compreensão. Conseqüentemente, nosso Senhor toma a postura de um pai. *Confie em mim...*

Não se aflija quanto à volta de Cristo. Não fique ansioso por coisas que você não pode compreender. Para o cristão, a volta de Cristo não é um enigma a ser resolvido, ou um código a ser desvendado, mas um dia para ser esperado.

Quando Cristo Voltar

Nos Braços de Deus

Todo aquele que vive e crê
em mim nunca morrerá.
João 11.26

Não gostamos de dizer adeus àqueles a quem amamos. Quer seja numa escola ou num cemitério, a separação é dura. É certo chorarmos, mas não precisamos nos desesperar. Eles tiveram sofrimento aqui. Ali não sofrerão. Eles lutaram aqui. Ali não lutarão. Você e eu podemos nos perguntar por que Deus os levou para o céu. Mas eles não podem. Eles compreendem. Eles estão, neste exato momento, em paz na presença de Deus.

Quando está frio na terra, podemos nos confortar sabendo que nossos entes queridos estão nos braços aquecidos de Deus. E quando Cristo voltar, iremos abraçá-los também.

Quando Cristo Voltar

O Melhor ainda Está por Vir

Ao que vencer...
dar-lhe-ei uma pedra branca,
e na pedra um novo nome escrito.
APOCALIPSE 2.17

Faz sentido. Os pais são aficionados em dar aos filhos nomes especiais. Princesa. Tigre. Docinho. Filhote. Anjo...

Não é incrível pensar que Deus reservou um nome especialmente para você? Um que você nunca viu? Sempre imaginamos que o nome que recebemos é o que vamos conservar. Mas não. A estrada à frente é tão brilhante, que será necessário um novo nome. Sua eternidade é tão especial, que um nome comum não servirá.

Então Deus reservou um especialmente para você. Há mais para a sua vida do que você jamais pensou. Há mais para a sua história do que você jamais leu...

E por isto, eu suplico: Esteja lá quando Deus sussurrar seu nome.

Quando Deus Sussurra o seu Nome

Reconstrução Radical

Exultai e alegrai-vos, porque é grande o vosso galardão nos céus.
MATEUS 5.12

No Sermão da Montanha, o que Jesus promete não é dar-lhe expectativas chocantes, nem uma atitude mental arrojada. Não. Mateus 5 descreve uma reconstrução radical de Deus no coração.

Observe a seqüência: Primeiro, reconhecemos que somos necessitados (somos pobres de espírito). Depois, nos arrependemos de nossa auto-suficiência (lamentamos). Renunciamos ser chamados de manda-chuvas, e entregamos o controle a Deus (somos submissos). Estamos tão agradecidos por sua presença, que anelamos por mais dEle (temos fome e sede). À medida que chegamos mais perto dEle, tornamo-nos mais semelhantes a Ele. Esquecemos os outros (somos misericordiosos). Mudamos nossa perspectiva (somos puros de coração. Amamos os outros (somos pacificadores). Suportamos injustiças (somos perseguidos).

Não é uma mudança casual de atitude. É uma demolição da velha estrutura, e uma criação da nova. Quanto mais radical a mudança, maior a alegria. E vale a pena cada esforço, porque isto é a alegria de Deus.

O Aplauso do Céu

Deus Sabe o que Está Fazendo

Por isso, falei do que não entendia;
coisas que para mim eram maravilhosíssimas,
e que eu não compreendia.
Jó 42.3

É fácil agradecer a Deus quando Ele faz o que queremos. Mas nem sempre Ele o faz. Pergunte a Jó.

Seu patrimônio ruiu, seus filhos estavam mortos, o que antes era um corpo saudável tornou-se uma assolação de furúnculos. De onde vinha esta torrente? De onde viria qualquer ajuda?

Jó vai direto a Deus e pleiteia sua causa. Sua cabeça dói. Seu corpo dói. Seu coração dói.

E Deus responde. Não com respostas, mas com indagações. Um oceano de indagações.

Após várias dúzias de questões, Jó entendeu. Qual é o ponto?

É este: Deus não deve nada a ninguém. Nenhuma razão. Nenhuma explicação. Nada. Se Ele as desse, não as poderíamos entender.

Deus é Deus. Ele sabe o que está fazendo. Quando você não puder seguir o curso de sua mão divina, confie em seu coração.

The Inspirational Study Bible

O Comandante-em-chefe do Céu

Sobre tudo o que se deve guardar,
guarda o teu coração, porque
dele procedem as saídas da vida.
Provérbios 4.23

Deus quer que você pense e haja como Jesus (Fp 2.5). Mas como? A resposta é surpreendentemente simples. Podemos ser transformados se tomarmos uma decisão: *Submeterei meus pensamentos a Jesus.*

Jesus reivindica ser o Comandante-em-chefe do céu e da terra. Ele tem a última palavra em todas as coisas, especialmente em nossos pensamentos. Ele tem mais autoridade, por exemplo, que os seus pais. Seus pais podem dizer que você não é bom, mas Jesus afirma que você é valioso, e Ele tem autoridade sobre os pais.

Jesus tem autoridade também sobre as suas idéias. Suponhamos que você tenha a idéia de querer roubar uma loja. Jesus, entretanto, deixou claro que roubar é errado. Se você tiver-lhe dado autoridade sobre as suas idéias, a idéia de roubar não pode permanecer em seus pensamentos.

Para termos um coração puro, devemos submeter todos os nossos pensamentos à autoridade de Cristo. Se estivermos dispostos a fazê-lo, Ele nos mudará para sermos iguais a Ele.

Simplesmente como Jesus

Vitória sobre a Morte

Tragada foi a morte na vitória.
Onde está, ó morte, o teu aguilhão?
1 Coríntios 15.54,55

O fogo que fazia ferver a Igreja do Novo Testamento era a inextinguível convicção de que se Jesus tivesse sido apenas um homem, Ele ainda estaria no túmulo. Os cristãos primitivos não podiam silenciar sobre o fato de que aquEle que eles viram pendurado na cruz andava novamente na terra, e aparecera a quinhentas pessoas.

Peçamos humildemente ao nosso Pai, confiantes no nome de Jesus, que nos recorde o túmulo vazio. Que nos deixe ver o Jesus vitorioso: o conquistador do túmulo; aquEle que derrotou a morte. E que nos deixe ser lembrados que a nós, também, será dada a mesma vitória.

Walking with the Savior

Deus, nosso Pai

Lembra-te, Senhor, das tuas misericórdias e das tuas benignidades, porque são desde a eternidade.
Salmos 25.6

Recentemente, minha filha Jenna e eu passamos vários dias em Jerusalém. Uma tarde, quando deixávamos o portão de Jafa, vimo-nos de repente atrás de uma família judia ortodoxa — um pai e três garotinhas. Uma das meninas, talvez de quatro ou cinco anos, caiu a poucos passos atrás, e não conseguia ver o pai. "Aba!", chamou ela. Ele a notou, e imediatamente estendeu-lhe a mão.

Quando o sinal mudou, ele guiou-a, juntamente com as outras irmãs, através do cruzamento. No meio da rua, o pai curvou-se, tomou-a nos braços e continuou seu caminho.

Não é disso que todos nós precisamos? Um Aba que nos ouça quando o chamarmos? Que tome a nossa mão, quando nos sentirmos fracos? Que nos guie através das febris interseções da vida? Todos nós não carecemos de um Aba que nos levante nos braços e nos carregue para casa? Todos necessitamos de um pai.

A Grande Casa de Deus

Outubro

E nós conhecemos e cremos
no amor que Deus nos tem.

1 João 4.16

Uma Bênção Diária

Para que, segundo as riquezas da sua glória, vos conceda que sejais corroborados com poder pelo seu Espírito no homem interior.
EFÉSIOS 3.16

Há uma cena repetida no Brasil milhares de vezes ao dia.

É de manhã, bem cedo. Hora de Marcos ir à escola. O menino apanha os livros, encaminha-se à porta, e então pára junto à cadeira do pai. Examina o seu rosto e pede: "Bênção, pai".

O pai levanta a mão. "Deus te abençoe, meu filho", assegura ele.

Pai e filho separam-se para o dia; uma bênção requisitada, uma bênção prontamente dada.

Devemos fazer o mesmo. Como a criança almejando o favor do pai, cada um de nós precisa de um lembrete diário do amor de nosso Pai celeste.

31 Dias de Bênçãos

Uma Vida de Serviço

Assim nós, que somos muitos,
somos um só corpo em Cristo,
mas individualmente somos
membros uns dos outros.
Romanos 12.5

Deus alistou-nos em sua marinha de guerra, e colocou-nos em seu navio. A embarcação tem um único propósito — fazer-nos chegar em segurança à outra margem.

Este não é um barco de cruzeiro; é um encouraçado de guerra. Não fomos chamados para uma vida de lazer; fomos convocados a uma vida de serviço. Cada um de nós tem uma tarefa diferente. Alguns, preocupados com aqueles que estão se afogando, seguem puxando pessoas da água. Outros estão ocupados com o inimigo, por isso manejam os canhões de oração e adoração. E outros devotam-se à tripulação, alimentando e treinando seus membros.

Embora diferentes, somos o mesmo. Cada um pode falar de um encontro com o capitão, pois cada um recebeu uma chamada pessoal.

Todos o seguimos pela prancha da sua graça, sobre o mesmo barco. Há um só capitão e um só destino. Apesar da ferocidade da batalha, a embarcação está a salvo, porque o nosso capitão é Deus. O barco não afundará. Quanto a isto, não há preocupação.

Nas Garras da Graça

O Sonho mais Alto de Deus

Nisto está a caridade: não em que nós tenhamos amado a Deus, mas em que ele nos amou e enviou seu Filho para propiciação pelos nossos pecados.
1 JOÃO 4.10

Temos tentado alcançar a lua, porém mal nos levantamos do chão. Tentamos atravessar a nado o Atlântico, mas não pudemos ir além dos recifes. Tentamos escalar o Evereste da salvação, mas sequer deixamos a base, e muito menos subimos a encosta. A questão é simplesmente vasta demais. Não carecemos de mais suprimentos, ou músculos, ou técnicas; precisamos de um helicóptero.

Você pode ouvir o seu ruído?

Deus tem um modo de nos tornar justos perante si (Rm 3.24). Como é vital que abracemos esta verdade. O sonho mais alto de Deus não é fazer-nos ricos, nem bem-sucedidos, ou populares, ou famosos. O sonho de Deus é tornar-nos retos diante dEle.

Nas Garras da Graça

A Entrada para o seu Coração

Porque a inclinação da carne é morte;
mas a inclinação do Espírito é vida e paz.
ROMANOS 8.6

Seu coração é uma estufa fértil, pronta a produzir bons frutos. A sua mente é a entrada para o seu coração — o lugar estratégico onde você determina que sementes serão plantadas, e quais serão descartadas. O Espírito Santo está pronto a ajudar você a controlar e a filtrar os pensamentos que tentam entrar. Ele pode ajudá-lo a guardar o seu coração.

Ele fica com você no limiar. Um pensamento se aproxima, um pensamento questionável. Você escancara a porta e deixa-o entrar? Claro que não. Você leva "cativo todo entendimento à obediência de Cristo" (2 Co 10.5). Você não deixa a porta desguarnecida. Você permanece equipado com uma algema de ferro, pronto a capturar qualquer pensamento que não seja digno de entrar.

Simplesmente como Jesus

Carecemos de um Grande Salvador

Mas, sentindo o vento forte, teve medo;
e, começando a ir para o fundo,
clamou, dizendo: Senhor, salva-me.
E logo Jesus, estendendo a mão, segurou-o.
MATEUS 14.30,31

Viemos a Cristo em uma hora de profunda necessidade. Abandonamos o barco das boas obras. Assim como Pedro, compreendemos que a distância entre nós e Jesus é uma façanha grande demais para os nossos pés. Então imploramos socorro. Ouvimos a sua voz e pisamos temerosos, esperando que a nossa pequena fé seja suficiente...

A fé é um mergulho desesperado do barco do esforço humano, e uma oração para que Deus esteja lá, a fim de puxar-nos da água. Paulo escreveu sobre este tipo de fé:

"Porque pela graça sois salvos, por meio da fé; e isso não vem de vós; é dom de Deus. Não vem das obras, para que ninguém se glorie" (Ef 2.8,9).

In the Eye of the Storm

Entrando em sua Presença

Porque para mim o viver é Cristo,
e o morrer é ganho.
Filipenses 1.21

Assim como um pai ou uma mãe precisa saber que seu filho está seguro na escola, nós ansiamos saber que nossos entes queridos estão seguros na morte. Desejamos ser assegurados de que a alma vai imediatamente estar com Deus. Mas ousamos acreditar nisto? Podemos acreditar? De acordo com a Bíblia, sim.

A Bíblia é surpreendentemente silenciosa sobre esta fase de nossa vida. Quando fala do período entre a morte do corpo e a sua ressurreição, a Bíblia não grita; apenas sussurra. Contudo, na confluência desses sussurros, uma firme voz é ouvida. Esta voz que ressoa com autoridade assegura-nos que, na morte, os cristãos entram de imediato na presença de Deus, e desfrutam consciento da comunhão com o Pai e com aqueles que foram antes.

Quando Cristo Voltar

O Tempo Passa

E, a todos quantos andarem conforme esta regra, paz e misericórdia sobre eles e sobre o Israel de Deus.
GÁLATAS 6.16

À medida que envelhecemos, nossa visão deve melhorar. Não a nossa visão da terra, mas a nossa visão do céu. Aqueles que passaram a vida buscando o céu dão um pulo em sua caminhada, quando a cidade lhes aparece à vista. Após a morte de Michelângelo, alguém achou em seu estúdio um pedaço de papel, onde ele escrevera uma nota ao seu aprendiz. Na caligrafia de sua velhice, o grande artista escrevera: "Desenhe, Antonio, desenhe, e não desperdice tempo".

Urgência bem fundamentada, Michelângelo. O tempo passa. Os dias se vão. Os anos desaparecem. E o que viemos fazer deve ser feito enquanto há tempo.

Ele ainda Remove Pedras

Louvor a Deus

Portanto, ofereçamos sempre, por ele,
a Deus sacrifício de louvor.
HEBREUS 13.15

Tu és um grande Deus.

O teu caráter é santo.
A tua verdade é absoluta.
A tua força é interminável.
A tua disciplina é justa...

Tuas provisões são abundantes para nossas necessidades.
Tua luz é adequada aos nossos passos.
Tua graça é suficiente para os nossos pecados...

Tu nunca estás adiantado, nunca atrasado...

Tu enviaste teu Filho na plenitude dos tempos,
e retornarás na sua consumação.
O teu plano é perfeito.
Desconcertante. Intrincado. Preocupante.
Mas perfeito...

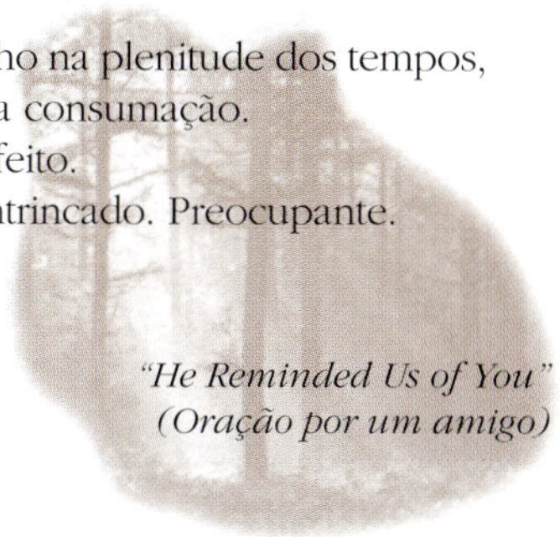

"He Reminded Us of You"
(Oração por um amigo)

Um Lar para o seu Coração

Aquele que habita no esconderijo do Altíssimo,
à sombra do Onipotente descansará.
SALMOS 91.1

As chances são de que você tem dedicado poucos pensamentos à morada de sua alma. Criamos casas elaboradas para nossos corpos, mas as nossas almas são relegadas a uma choupana na ladeira, onde arrepiam-nos os ventos da noite e encharcam-nos as chuvas. Seria de admirar que o mundo esteja tão cheio de corações gelados?

Não tem de ser deste jeito. Não temos de viver ao relento. Não é plano de Deus que o seu coração vague como um beduíno. Deus quer que você saia desse frio e viva com Ele. Sob o seu teto há espaço disponível. Em sua mesa, um prato está posto. Em sua sala de estar, uma cadeira de balanço foi reservada especialmente para você. E Ele deseja que você fixe residência em sua casa. Por que Ele quer que você partilhe o seu lar?

Simples. Ele é seu Pai.

A Grande Casa de Deus

Esperando Ansiosamente

Mas o Dia do Senhor virá como o ladrão
de noite, no qual os céus passarão
com grande estrondo...
Que pessoas vos convém ser...?
2 PEDRO 3.10,11

Grande questão. Que tipo de pessoas devemos ser? Pedro nos exorta: "... em santo trato e piedade, aguardando e apressando-vos para a vinda do Dia de Deus" (vv. 11,12).

A esperança do futuro não é uma licença para irresponsabilidade no presente. Esperemos ansiosamente, mas esperemos.

Contudo, para a maioria de nós, esperar não é problema. Ou, talvez eu devesse dizer: esperar é problema. Somos tão bons em esperar, que não esperamos *ansiosamente*. Esquecemos de olhar... Estamos satisfeitos demais. Raramente examinamos o céu. Raramente, senão nunca, permitimos ao Espírito Santo interromper os nossos planos e levar-nos a adorar para que possamos ver a Jesus.

Quando Cristo Voltar

Achando o Bem no Mal

Abençoai aos que vos perseguem;
abençoai e não amaldiçoeis.
Romanos 12.14

É difícil achar alguém pior que Judas. Alguns dizem que ele era um bom homem com uma estratégia que lhe saiu pela culatra. Não caio nessa. A Bíblia afirma que Judas era ladrão (Jo 12.6). O homem era um escroque. De qualquer modo, foi capaz de viver na presença de Deus, experimentar os milagres de Cristo, e permanecer inalterado. No final, decidiu que era melhor ter dinheiro que um amigo, então vendeu Jesus por trinta peças de prata. Judas era um salafrário, um trapaceiro, um imprestável. Como poderia alguém vê-lo de outra forma?

Não sei, mas Jesus viu. A poucas polegadas da face de seu traidor, Jesus olhou para ele e disse: "Amigo, a que vieste?" (Mt 26.50) O que Jesus viu em Judas que o fizesse digno de ser chamado de amigo, não posso imaginar. Contudo, sei que Jesus não mente, e naquele instante, Ele viu algo bom num homem verdadeiramente mau.

Ele pode ajudar-nos a fazer o mesmo com aqueles que nos prejudicam.

Simplesmente como Jesus

Um Pai Fiel

Ele é a Rocha cuja obra é perfeita,
porque todos os seus caminhos juízo são.
DEUTERONÔMIO 32.4

Reconhecer Deus como Senhor é admitir que Ele é soberano e supremo no universo. Aceitá-lo como Salvador é aceitar a sua dádiva de salvação oferecida sobre a cruz. Considerá-lo Pai é ir um passo além. De maneira ideal, um pai é aquele em sua vida que provê e protege. É exatamente isto o que Deus tem feito.

Ele tem provido para as suas necessidades (Mt 6.25-34).

Ele o tem protegido contra o mal (Sl 139.5).

Ele adotou você (Ef 1.5), e deu-lhe o seu nome (1 Jo 3.1).

Deus tem demonstrado ser um Pai fiel. Agora, cabe a nós sermos filhos confiantes.

Ele ainda Remove Pedras

A Voz da Aventura

O Senhor é a minha luz e a minha salvação; a quem temerei?
Salmos 27.1

Jesus diz que as opções são claras. De um lado, está a voz da segurança. Você pode acender a lareira, ficar em casa, e permanecer aquecido. Por isso você não tenta, certo? Você não cairá se não tomar posição, certo? Você não perderá o equilíbrio, se nunca escalar, certo? Então não tente. Tome a rota segura.

Ou você pode ouvir a voz da aventura — a aventura de Deus. Em vez de acender o fogo da lareira, acenda o fogo em seu coração. Siga os impulsos de Deus. Adote uma criança. Mude-se para o estrangeiro. Dê aulas naquela classe. Troque de carreira. Candidate-se a um cargo público. Faça a diferença. Certamente não é seguro, mas, o que é?

Ele ainda Remove Pedras

Chame-o de Graça

Para que, sendo justificados pela sua graça, sejamos feitos herdeiros, segundo a esperança da vida eterna.
TITO 3.7

Você pode ser decente. Você pode pagar impostos, beijar seus filhos e dormir com a consciência limpa. Contudo, separado de Cristo, você não é santo. Então, como você pode ir para o céu?

Apenas creia. Aceite a obra que já foi feita, a obra de Cristo na cruz.

Aceite a bondade de Jesus. Abandone suas próprias obras, e aceite as dEle. Esteja diante de Deus no nome de Jesus, não no seu.

Isto é fácil? Nada foi fácil em se tratando disto. A cruz era pesada, o sangue era real, e o preço, extravagante. Ele nos teria levado à bancarrota, então Jesus o pagou por nós. Chame-o de simples. Chame-o de dom. Mas não o chame de fácil.

Chame-o daquilo que é. Chame-o de graça.

Ouvindo Deus na Tormenta

Deus É seu Lar

Deus é Espírito, e importa que
os que o adoram o adorem
em espírito e em verdade.
JOÃO 4.24

Não pense que você está separado de Deus, Ele no topo de uma grande escada, e você em outra. Rejeite qualquer pensamento de que Deus está em Vênus, enquanto você está na Terra. Sendo Deus Espírito (Jo 4.24), Ele está perto de você: o próprio Deus é o nosso teto. Ele mesmo é a nossa parede. E Ele mesmo é a nossa fundação.

Moisés sabia disso. "Senhor", escreveu ele, "tu tens sido nosso refúgio, de geração em geração" (Sl 90.1). Que pensamento poderoso: Deus é o seu lar. O seu lar é o lugar onde você pode livrar-se dos sapatos, comer picles e biscoito *cream-cracker*, e não se preocupar com o que os outros pensarão quando o virem de roupão.

A sua casa lhe é familiar. Ninguém precisa dizer-lhe onde fica o seu quarto. Deus pode lhe ser igualmente familiar. Com o tempo, você pode aprender onde encontrar alimento, onde se esconder para ficar protegido, e para onde se voltar em busca de orientação. Assim como a sua casa terrena é um lugar de refúgio, a casa de Deus é um lugar de paz. A casa de Deus nunca é saqueada; as suas paredes nunca racharam.

A Grande Casa de Deus

O Mapa do Tesouro

No princípio, era o Verbo,
e o Verbo estava com Deus,
e o Verbo era Deus.
João 1.1

A Bíblia tem sido proibida, queimada, escarnecida e ridicularizada. Estudiosos têm troçado dela como se fosse loucura. Reis a têm estigmatizado como ilegal. Milhares de vezes a sepultura já lhe foi aberta, e o canto fúnebre iniciado. Contudo, a Bíblia nunca fica na sepultura. Ela não apenas tem sobrevivido, mas prosperado. Ela é o livro singular de maior popularidade em toda a história. Tem sido o livro mais vendido em todo o mundo, por anos e anos!

Não há meios na terra de se explicar isto. O que talvez seja a única explicação. A resposta? A durabilidade da Bíblia não se encontra na terra; acha-se no céu. Para os milhares que têm testado suas reivindicações, e reclamado suas promessas, há uma única resposta: a Bíblia é o livro de Deus e a voz de Deus.

O propósito da Bíblia é proclamar o plano e a paixão de Deus para salvar seus filhos. Esta é a razão por que este livro tem durado através dos séculos. Ele é o mapa do tesouro, que nos guia ao tesouro mais alto de Deus, a vida eterna.

The Inspirational Study Bible

Celebrando a Salvação

Alegrai-vos, antes, por estar
o vosso nome escrito nos céus.
LUCAS 10.20

De acordo com Jesus, nossas decisões têm um impacto termostático sobre o mundo invisível. Nossas ações sobre o teclado da terra disparam os martelos sobre as cordas do piano do céu. Nossa obediência puxa a corda que faz soar os sinos nos campanários celestes. Deixe um filho chamar, e os ouvidos do Pai se inclinam. E, mais importante, deixe um pecador arrepender-se, e todas as demais atividades cessam, e cada ser celestial celebra.

Nem sempre partilhamos tal entusiasmo, não é? Quando ouve que uma alma foi salva, você deixa tudo e celebra? O seu dia bom torna-se melhor ou o seu dia mau é salvo? Podemos ficar contentes, mas... exultantes? Quando uma alma é salva, o coração de Jesus torna-se um céu estrelado, radiante com explosões de alegria.

Pode-se dizer o mesmo de nós?

Simplesmente como Jesus

A Dádiva do Sorriso de Deus

Não lançamos as nossas súplicas perante
a tua face fiados em nossas justiças,
mas em tuas muitas misericórdias.
Daniel 9.18

Se quando Deus sorri e diz que estamos salvos nós tão-somente o saudássemos, e o agradecêssemos, e vivêssemos como aqueles que receberam um presente do comandante-em-chefe...

No entanto, raramente fazemos isto. Preferimos receber salvação do modo antiquado: obtê-la em troca de trabalho. Aceitar graça é admitir falta, um passo que hesitamos em dar. Optamos por impressionar a Deus com o quanto somos bons, em vez de confessar quão grande Ele é. Atordoamos a nós mesmos com doutrinas. Sobrecarregamo-nos com regras. Achamos que Deus irá sorrir para nossos esforços.

Ele não sorri.

O sorriso de Deus não é para o caminhante saudável, que se orgulha de ter feito a jornada sozinho. Ele é, ao contrário, para o leproso estropiado, que implora a Deus por um lombo no qual cavalgar.

In the Eye of the Storm

Confiante no Pai

O Senhor consolou o seu povo
e dos seus aflitos se compadecerá.
ISAÍAS 49.13

Se este ano você vai celebrar sozinho um aniversário de casamento, Deus lhe fala.

Se o seu filho foi para o céu antes de fazer o jardim-de-infância, Deus lhe fala.

Se os seus sonhos foram enterrados enquanto o caixão era baixado à sepultura, Deus lhe fala.

Ele fala a todos nós que já estivemos, ou vamos estar, de pé na terra fofa junto a um túmulo. A nós, Ele dá a sua palavra de confiança: "Não quero, porém, irmãos, que sejais ignorantes acerca dos que já dormem, para que não vos entristeçais, como os demais, que não têm esperança. Porque, se cremos que Jesus morreu e ressuscitou, assim também aos que em Jesus dormem Deus os tornará a trazer com ele" (1 Ts 4.13,14).

Quando Cristo Voltar

Chama-se Escolha

Escolhe, pois, a vida, para que vivas,
tu e a tua semente, amando ao Senhor,
teu Deus, dando ouvidos à sua voz
e te achegando a ele.
DEUTERONÔMIO 30.19,20

Ele pôs uma pá de barro sobre a outra, até que surgisse no chão uma forma inanimada.

Tudo estava silencioso, enquanto o Criador penetrava em si mesmo, e retirava algo invisível. "Chama-se 'escolha'. A semente da escolha."

Dentro do homem, Deus plantou a semente divina. Uma semente dEle próprio. O Criador havia criado, não uma criatura, mas outro criador. AquEle que escolhera amar criou aquele que, em troca, podia amar.

Agora, a escolha é nossa.

In the Eye of the Storm

Faça alguma Coisa

A fé sem obras é morta.
TIAGO 2.26

Fé não é a crença de que Deus fará o que você quer. Fé é a crença de que Deus fará o que é certo. Deus está sempre perto e sempre disponível. Só esperando por seu toque. Então deixe-o saber. Demonstre a sua devoção.

Escreva um carta.
Peça perdão.
Seja batizado.
Alimente um faminto.
Ore.
Ensine.
Vá.

Faça algo que demonstre fé. Porque fé sem realização não é fé. *Deus responderá.* Ele nunca rejeitou um gesto genuíno de fé. Nunca.

Ele ainda Remove Pedras

Uma Nítida Visão de Deus

Andando eu no meio da angústia,
tu me revivificarás.
SALMOS 138.7

Há uma janela em seu coração, através da qual você pode ver a Deus. Uma vez, esta janela estava clara. A sua visão de Deus era nítida. Você podia ver a Deus tão vividamente como podia ver um vale ou uma colina suave.

Então, de repente, a janela rachou. Uma pedrada quebrou a janela. Uma pedra de dor.

E de repente, Deus já não podia ser visto tão facilmente. A visão que fora tão nítida havia mudado.

Você ficou confuso. Deus não permitiria que algo assim acontecesse, permitiria?

Quando não puder vê-lo, confie nEle. Jesus está mais perto do que você jamais sonhou.

In the Eye of the Storm

Numa Palavra

E ao que vencer e guardar
até ao fim as minhas obras,
eu lhe darei poder sobre as nações.
APOCALIPSE 2.26

Pense por um momento nesta questão: e se Deus não estivesse aqui na terra? Se você acha que as pessoas são cruéis agora, imagine sem a presença de Deus. Você acha que somos brutais uns com os outros agora, imagine o mundo sem o Espírito Santo. Você acha que há solidão, desespero e culpa agora, imagine a vida sem o toque de Jesus. Sem perdão. Sem esperança. Sem atos de bondade. Sem palavras de amor. Não mais alimento dado em seu nome. Não mais canções entoadas em seu louvor. Não mais proezas feitas em sua honra. Se Deus levasse embora os seus anjos, a sua graça, a sua promessa de eternidade e os seus servos, como seria o mundo?

Numa palavra: inferno.

Simplesmente como Jesus

O que o Céu Tem Guardado

Assim vos digo que há alegria diante dos anjos de Deus por um pecador que se arrepende.
Lucas 15.10

Por que Jesus e seus anjos se regozijam por um pecador arrependido? Podem eles enxergar algo que não podemos? Eles sabem de algo que desconhecemos? Absolutamente. Eles sabem o que o céu tem guardado.

O céu é povoado por aqueles que deixaram Deus transformá-los. As discussões cessarão, pois o ciúme não existirá. Suspeitas não surgirão, porque não haverá segredos. Todo pecado se foi. Toda insegurança é esquecida. Cada temor é passado. Trigo puro. Nenhuma erva daninha. Ouro puro. Nenhuma liga. Amor puro. Nenhuma luxúria. Esperança pura. Nenhum temor. Não admira que os anjos se regozijem quando um pecador se arrepende; eles sabem que outra obra de arte logo irá ornar a galeria de Deus. Eles sabem o que o céu tem guardado.

Simplesmente como Jesus

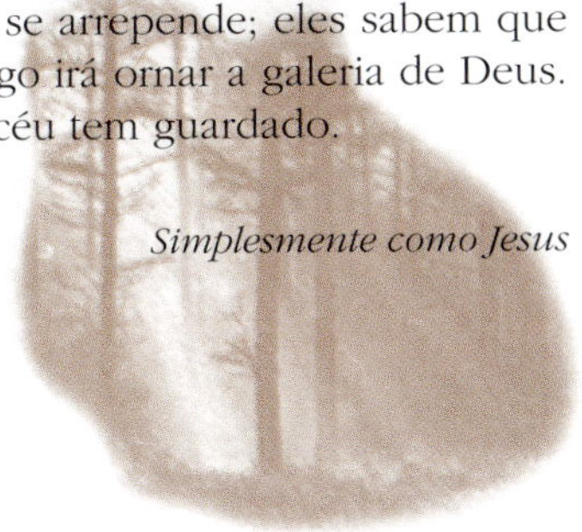

Nenhum Segredo de Deus

Assim que, se alguém está em Cristo, nova criatura é: as coisas velhas já passaram; eis que tudo se fez novo.
2 CORÍNTIOS 5.17

Você já esteve lá? Já sentiu o solo de convicção fornecendo caminho sob os seus pés? A borda se quebra, seus olhos se arregalam, e você vem abaixo. *Ploft.*

E agora, o que fazer? Quando caímos, podemos não admiti-lo. Podemos negar. Podemos torcer o fato. Ou podemos lidar com ele.

Não guardamos segredos de Deus. Confessar não é contar a Deus o que fizemos. Ele já sabe. Confessar é simplesmente concordar com Deus que os nossos atos estão errados.

Como Deus pode ouvir o que negamos? Como Deus pode garantir-nos perdão, quando não admitimos nossa culpa? Ah, aí está a palavra: *culpa*. Não é isto que evitamos? Culpa. Não é o que detestamos? Mas será que a culpa é tão má? O que significa a culpa, senão que sabemos distinguir o certo do errado, e que aspiramos ser melhor do que somos? É isto o que a culpa é: um pesar saudável por dizer a Deus uma coisa, e fazer outra.

Ouvindo Deus na Tormenta

Um Cordeiro Gentil

Na caridade, não há temor;
antes, a perfeita caridade
lança fora o temor.
1 JOÃO 4.18

Muitos de nós vivem com um temor secreto de que Deus está zangado conosco. Em algum lugar, alguma vez, alguma aula de escola dominical, ou algum programa de televisão convenceu-nos de que Deus tem um chicote atrás das costas, uma palmatória no bolso de trás, e irá agarrar-nos quando tivermos ido longe demais.

Nenhum conceito pode ser mais errado! Nosso Salvador gosta muito de nós, e quer apenas partilhar conosco o seu amor.

Temos um Pai cheio de compaixão, um Pai compassivo, que sofre quando sofremos. Servimos a um Deus que garante que, mesmo quando estamos sob pressão, e sentimos como se nada fosse dar certo, Ele está esperando para abraçar-nos, quer sejamos bem-sucedidos ou falhemos.

Ele não chega brigando e disputando e impondo a sua vontade no coração de ninguém. Ele chega aos nossos corações como um cordeiro gentil, não um leão rugidor.

Walking with the Savior

A Fidelidade de Deus

O meu Deus, segundo as suas riquezas,
suprirá todas as vossas necessidades
em glória, por Cristo Jesus.
FILIPENSES 4.19

A fidelidade de Deus nunca dependeu da fidelidade de seus filhos. Ele é fiel mesmo quando não o somos. Quando perdemos a coragem, Ele não a perde. Ele fez uma história sem usar pessoas, apesar das pessoas.

Quer um exemplo? O alimento para as cinco mil pessoas. É o único milagre, além daquele do final da semana, recordado nos quatro Evangelhos. Por que os quatro escritores acharam que valia a pena repeti-lo? Talvez quisessem mostrar como Deus não desiste, mesmo quando o seu povo o faz.

Quando os discípulos não oraram, Jesus orou. Quando os discípulos não viram a Deus, Jesus viu. Quando os discípulos estavam fracos, Jesus estava forte. Quando os discípulos não tiveram fé, Jesus teve.

Acho, simplesmente, que Deus é mais forte que as nossas fraquezas. De fato, penso que é a nossa fraqueza que revela quão forte é Deus.

Deus é fiel mesmo quando os seus filhos não o são.

Ouvindo Deus na Tormenta

Um Coração Igual ao dEle

Daqui por diante, a ninguém
conhecemos segundo a carne.
2 CORÍNTIOS 5.16

Peça para Deus lhe dar a sua visão eterna do mundo. A sua visão da humanidade é perfeitamente simples. De sua perspectiva, cada pessoa está fazendo ou uma coisa ou outra:

> Entrando pela porta estreita, ou entrando pela porta espaçosa (Mt 7.13,14).
> Atendendo ao chamado do céu, ou saltando para o inferno (Mt 7.13,14).

Nossa razão, no entanto, é atravancada de colunas desnecessárias. Ele é rico? Ela é bonita? Qual a sua profissão? Qual a cor de sua pele? Ela é formada? Estes assuntos são irrelevantes para Deus.

Ter um coração igual ao dEle é olhar na face dos salvos e regozijar-se! Eles estão apenas a uma sepultura de serem iguais a Jesus. Ter um coração igual ao dEle é olhar na face dos perdidos e orar. Porque, a menos que eles se voltem, estão apenas a uma sepultura do tormento.

Simplesmente como Jesus

Um Prato de Experiências

Porque eu bem sei os pensamentos
que penso de vós, diz o Senhor;
pensamentos de paz e não de mal.
JEREMIAS 29.11

Na noite passada, em nosso culto doméstico, chamei minhas filhas à mesa e pus um prato diante de cada uma. No centro da mesa, coloquei uma porção de alimentos: algumas frutas, vegetais crus e alguns biscoitos. "A cada dia", expliquei-lhes, "Deus prepara-nos um prato de experiências. Que tipo de prato vocês mais gostam?"

A resposta foi fácil. Sara pôs três biscoitos em seu prato. Alguns dias são assim, não são? Alguns dias são "dias de três biscoitos". Muitos não são. Às vezes, nosso prato não tem nada, a não ser vegetais — vinte e quatro horas de aipo, cenoura e polpa de fruta. Aparentemente, Deus sabe que precisamos de alguma força e, embora a porção possa ser difícil de engolir, não é para o nosso próprio bem? Na maioria dos dias, entretanto, há um pouco de tudo...

Na próxima vez que o seu prato contiver mais brócolis que torta de maçã, lembre-se de quem preparou a comida. E da próxima vez que nele houver uma porção difícil de engolir, converse com Deus a respeito. Jesus conversou.

A Grande Casa de Deus

Amor É Tudo o que Você Encontrará

E nós conhecemos e cremos
no amor que Deus nos tem.
1 João 4.16

A água deve ser molhada. O fogo deve ser quente. Você não pode tirar a umidade da água, e ainda ter água. Você não pode tirar o calor do fogo, e ainda ter fogo.

Da mesma forma, você não pode tirar o amor de Deus, e Ele ainda existir. Porque Ele era e é Amor.

Investigue a fundo dentro dEle. Explore cada canto. Examine cada ângulo. Amor é tudo o que você encontra. Vá ao início de cada decisão que Ele tenha tomado, e você o achará. Vá ao final de cada história que Ele tenha contado, e você o verá.

Amor.

Sem amargura. Sem maldade. Sem crueldade. Somente amor. Amor sem defeito. Amor apaixonado. Vasto e puro amor. Ele é amor.

In the Eye of the Storm

Todos o Verão

E, se eu for e vos preparar lugar,
virei outra vez e vos levarei
para mim mesmo, para que,
onde eu estiver, estejais vós também.
JOÃO 14.3

Algum dia, de acordo com Cristo, Ele nos libertará. Ele voltará.

Num piscar de olhos, tão rápido quanto o relâmpago lampeja de leste a oeste, Ele voltará. E todos o verão. Você o verá. Eu o verei. Corpos se levantarão do pó e romperão a superfície do mar. A terra tremerá, o céu troará, e aqueles que não o conhecem estremecerão. Mas naquele momento, você não temerá, porque você o conhece.

Quando Cristo Voltar

Novembro

E conhecereis a verdade,
e a verdade vos libertará.

–João 8.32

Acredite em Jesus

Mas em todas estas coisas
somos mais do que vencedores,
por aquele que nos amou.
ROMANOS 8.37

Quando se trata de cura ou condição espiritual, não temos uma chance. É como se nos dissessem para dar um salto com vara até a lua. Não temos o que é preciso para sermos curados. A nossa única esperança é que Deus fará por nós o que fez pelo homem de Betesda: sairá depressa do templo, e virá para a nossa prisão de dor e desamparo.

E é exatamente o que Ele fez...

Quando Ele diz que estamos perdoados, livremo-nos da culpa.

Quando Ele diz que somos preciosos, acreditemos nEle.

Quando Ele diz que fomos providos, deixemos de nos preocupar.

Os esforços de Deus são mais fortes, quando os nossos esforços são inúteis.

Ele ainda Remove Pedras

Pecador, Seja Livre

E conhecereis a verdade,
e a verdade vos libertará.
João 8.32

Pense deste modo: o pecado colocou você numa prisão. O pecado trancou você atrás das grades de culpa, e vergonha, e decepção, e medo. O pecado não fez outra coisa senão algemar você à parede da miséria. Então Jesus veio e pagou a sua fiança. Ele cumpriu o seu tempo; satisfez a pena e o pôs livre. Cristo morreu, e quando você lançou sobre Ele a sua sorte, o seu velho eu morreu também.

A única maneira de ser livre da prisão do pecado é cumprir a sua pena. Neste caso, a pena é a morte. Alguém tem de morrer; você ou um substituto enviado do céu. Você não pode deixar a prisão enquanto não houver uma morte. Esta morte, porém, já ocorreu no Calvário. E quando Jesus morreu, você morreu para a reivindicação do pecado por sua vida. Você está livre.

Nas Garras da Graça

Você Está Ouvindo?

Porque aquele que pede recebe;
e o que busca encontra;
e, ao que bate, se abre.
Mateus 7.8

Houve um homem que desafiou a Deus ao dizer: "Queime o arbusto, como fizeste por Moisés, Deus. E eu seguirei. Derrube os muros, como fizeste por Josué, Deus. E eu lutarei. Acalme as ondas, como fizeste na Galiléia, Deus. E eu ouvirei".

E então o homem sentou-se em frente a um arbusto, junto a um muro, perto do mar, e esperou Deus falar.

E Deus ouviu o homem e respondeu-lhe. Enviou fogo, não sobre o arbusto, mas sobre uma igreja. Derrubou um muro, não de tijolos, mas de pecados. Acalmou uma tempestade, não do mar, mas de uma alma.

E Deus esperou o homem responder. Esperou e esperou.

Mas porque o homem estava olhando para os arbustos, não para os corações; para os tijolos, não para as vidas; para o mar, não para as almas, achou que Deus não fizera nada.

Finalmente, ele olhou para Deus e indagou: "Perdeste o teu poder?"

E Deus olhou para ele e rebateu: "Perdeste tua audição?"

Ouvindo Deus na Tormenta

Corra a Carreira

Corramos, com paciência,
a carreira que nos está proposta.
HEBREUS 12.1

A palavra *carreira* vem do grego *agon*, de onde temos a palavra *agonia*. A carreira cristã não é um trotar lento, mas uma corrida exigente, cansativa e, às vezes, agonizante. É preciso um esforço tremendo para completá-la bem.

Já percebeu que muitos não o tem conseguido? Você já deve ter observado que muitos estão ao lado da trilha. Eles costumavam estar correndo. Houve um tempo quando eles mantinham o passo. Mas então, o cansaço chegou. Eles não pensavam que a carreira seria tão dura...

Em contraste, o melhor trabalho de Jesus foi o seu trabalho final, e os seus passos mais fortes foram os últimos. Nosso Mestre é o clássico exemplo de alguém que agüenta. Ele poderia ter desistido da carreira, mas não o fez.

Simplesmente como Jesus

Temos Tudo Idealizado

Quando vejo os teus céus,
obra dos teus dedos... que é o homem
mortal para que te lembres dele?
SALMOS 8.3,4

Entendemos como se formam as tempestades. Mapeamos o sistema solar, e transplantamos corações. Medimos a profundidade do oceano e enviamos sinais a planetas distantes. Estudamos o sistema e entendemos o seu funcionamento.

E, para alguns, a perda do mistério tem levado à perda da majestade. Quanto mais conhecemos, menos acreditamos. Estranho, não acha? O conhecimento da operação não deveria negar a maravilha. O conhecimento deveria suscitar admiração. Quem tem maior razão para adorar que o astrônomo que viu as estrelas?

Ironicamente, quanto mais sabemos, menos adoramos. Ficamos mais impressionados com a nossa descoberta do interruptor de luz que com aquele que inventou a eletricidade. Em vez de adorarmos ao Criador, adoramos a criação (veja Rm 1.25).

Não admira que não mais nos maravilhemos. Temos tudo idealizado.

Nas Garras da Graça

O Alto Custo de se Vingar

Não vos vingueis a vós mesmos,
amados, mas dai lugar à ira,
porque está escrito: Minha é a vingança;
eu recompensarei, diz o Senhor
Romanos 12.19

Você já observou que nos filmes de faroeste os caçadores de recompensa sempre viajam sozinhos? Não é difícil entender por quê. Quem gostaria de andar com um sujeito que ganha a vida se vingando? Quem se arrisca a despertar seu lado mau? Mais de uma vez já ouvi uma pessoa vomitar sua ira. Ele achava que eu estava ouvindo, quando na verdade eu estava pensando: *Espero nunca entrar em sua lista*. Tipos intratáveis esses caçadores de recompensa. Melhor deixá-los a sós. Ande com o zangado, e você pode levar uma bala perdida. Cobrar dívidas é uma ocupação solitária. E é também uma ocupação insalubre...

Se você busca a vingança, nunca descansa. Como pode? O seu inimigo pode não pagar nunca. Embora você pense que merece um pedido de desculpas, o seu devedor pode não concordar. O racista pode nunca se arrepender. O chauvinista pode nunca mudar. Por mais justificado que você esteja em sua busca de vingança, poderá jamais obter um centavo de justiça. E se o conseguir, será suficiente?

A Grande Casa de Deus

Deus o Ama ternamente

Nós o amamos porque
ele nos amou primeiro.
1 JOÃO 4.19

Não limitado pelo tempo, Ele vê a todos nós. Desde as matas da Virgínia ao distrito comercial de Londres; dos viquingues aos astronautas, dos habitantes das cavernas aos reis. Dos construtores-de-cabanas aos aponta-dedos e aos empilha-pedras, Ele nos vê. Vagabundos e esfarrapados, Ele nos viu antes que fôssemos nascidos.

E Ele ama o que vê. Inundado de emoção. Cheio de orgulho, o Criador-de-estrelas volta-se para nós, um a um, e diz: "Você é meu filho. Eu o amo ternamente. Estou ciente de que algum dia você se afastará de mim e irá embora. Mas quero que você saiba que já providenciei para você um caminho de volta.

Nas Garras da Graça

Firme até o Fim

Considerai, pois, aquele que suportou tais contradições dos pecadores contra si mesmo, para que não enfraqueçais, desfalecendo em vossos ânimos.
Hebreus 12.3

O céu não era estranho para Jesus. Ele é a única pessoa que viveu na terra *depois* de ter vivido no céu. Como crentes, você e eu iremos viver no céu após nossa estada na terra. Jesus, no entanto, fez exatamente o oposto. Ele conheceu o céu antes de vir à terra. Ele sabia o que o esperava em seu retorno. E saber o que o esperava no céu capacitava-o a suportar a vergonha na terra.

Jesus, "pelo gozo que lhe estava proposto, suportou a cruz, desprezando a afronta, e assentou-se à destra do trono de Deus" (Hb 12.2). Em seus momentos finais, Jesus concentrou-se na alegria que Deus punha diante dEle. Ele focalizou a recompensa do céu. Focado na recompensa, Ele foi capaz não apenas de terminar a carreira, mas terminá-la firmemente.

Simplesmente como Jesus

Um Deus Compassivo

[Deus] nos consola em toda a nossa tribulação, para que também possamos consolar os que estiverem em alguma tribulação.
2 Coríntios 1.4

Os sentimentos de minha filha estão feridos. Eu lhe digo que ela é especial.

Minha filha é injuriada. Faço o que for preciso para que ela se sinta melhor.

Minha filha está com medo. Não vou dormir até que ela se sinta segura.

Não sou um herói. Sou um pai. Quando uma criança sofre, o pai faz o que vem naturalmente. Ele ajuda.

Por que não deixo meu Pai fazer por mim o que estou mais que disposto a fazer por meus próprios filhos?

Estou aprendendo. Ser um pai está me ensinando que quando sou criticado, injuriado, ou estou com medo, há um Pai que está pronto a confortar-me. Há um Pai que irá me abraçar até que eu me sinta melhor, me ajudar até que eu possa viver com a ferida, e que não irá dormir quando eu estiver com medo de perder o sono e ver o escuro.

Sempre.

O Aplauso do Céu

O Veredicto

E disse-lhe Jesus:
Nem eu também te condeno;
vai-te e não peques mais.
João 8.11

Se você tem se perguntado como Deus reage quando você falha, emoldure as palavras do verso acima e pendure-as na parede. Leia-as. Medite nelas.

Ou melhor, leve-as com você ao seu abismo de vergonha. Convide Jesus a viajar com você, a estar ao seu lado, enquanto você torna a contar os eventos das noites mais escuras de sua alma.

E então ouça. Ouça cuidadosamente. Ele está falando: "Não o julgo culpado".

E olhe. Olhe cuidadosamente. Ele está escrevendo. Está deixando uma mensagem. Não na areia, mas numa cruz.

Não com sua mão, mas com seu sangue.

A sua mensagem tem uma única palavra: Inocente.

Ele ainda Remove Pedras

Ele Usou a nossa Capa

Estes são os que... lavaram as suas vestes
e as branquearam no sangue do Cordeiro.
APOCALIPSE 7.14

Deus faz apenas uma exigência para a nossa entrada no céu: que estejamos vestidos de Cristo.

Ouça como Jesus descreve os habitantes do céu: "Comigo andarão de branco, porquanto são [dignos] disso" (Ap 3.4).

Ouça a descrição dos anciãos: "E ao redor do trono havia... vinte e quatro anciãos vestidos de vestes brancas; e tinham sobre a cabeça coroas de ouro" (Ap 4.4).

Todos estão vestidos de branco. Os santos. Os anciãos. Como você imagina que Jesus esteja vestido? De branco? "E estava vestido de uma veste salpicada de sangue, e o nome pelo qual se chama é a Palavra de Deus" (Ap 19.13).

Por que o manto de Cristo não é branco? Por que a sua veste não é imaculada? Por que a sua vestimenta é mergulhada em sangue? Paulo diz simplesmente: "Ele trocou de lugar conosco" (Gl 3.13).

Ele usou a nossa capa de pecado na cruz.

Quando Cristo Voltar

Honesto com Deus

O que encobre as suas
transgressões nunca prosperará.
PROVÉRBIOS 28.13

Quando eu fazia o segundo grau, nosso treinador de beisebol tinha uma regra severa contra mascar fumo. Dois de nossos jogadores eram famosos por mascar fumo escondido, e queriam chamar nossa atenção.

Eles conseguiram. Em pouco tempo, todos tínhamos experimentado. Um teste seguro de masculinidade era pegar um pedaço de fumo quando o pacote era passado sob os bancos. Eu acabara de entrar no time, e certamente não desejava falhar no teste de masculinidade.

Certo dia, eu mal pusera na boca o fumo, quando um dos jogadores avisou: "Olha o treinador!" Não querendo ser apanhado, fiz o que me pareceu natural: engoli. *Glug*.

Acrescentei novo significado às Escrituras: "Estou encurvado, estou muito abatido, ando lamentando todo o dia..." Paguei o preço por esconder minha desobediência.

Meu corpo não foi feito para ingerir tabaco. A sua alma não foi feita para envergar pecado.

Posso fazer uma pergunta direta? Você está escondendo de Deus algum segredo? Aceite uma sugestão de um jogador de beisebol da terceira base: Você se sentirá melhor se o puser para fora.

Nas Garras da Graça

Dizer "Obrigado"

Louvai ao Senhor, porque ele é bom,
porque a sua benignidade é para sempre.
SALMOS 106.1

Adoração é quando você está ciente de que o que você tem dado é bem maior que aquilo que pode dar. Adoração é a consciência de que se não fosse pelo toque dEle, você ainda estaria manquejando e sofrendo, amargurado e arruinado. Adoração é aquela expressão meio vitrificada na face ressequida do caminhante do deserto, quando descobre que o oásis não é uma miragem.

Adoração é o "obrigado" que recusa ser silenciado.

Temos tentado fazer da adoração uma ciência. Não podemos. Não podemos fazer isto mais do que podemos "vender amor" ou "negociar paz".

Adoração é um ato voluntário de gratidão oferecida ao Salvador pela salvação, ao Médico dos médicos pela cura, e ao Libertador pela liberdade.

In the Eye of the Storm

Um Lugar para o Cansado

Não rejeiteis, pois, a vossa confiança,
que tem grande e avultado galardão.
Hebreus 10.35

Existe algo mais frágil que um junco esmagado? Olhe para o caniço quebrado à beira da água. O que fora uma haste delgada e firme de uma gramínea aquática acha-se, agora, curvada, dobrada.

Seria você uma cana esmagada? Já faz muito tempo que você esteve tão ereto, tão orgulhoso?

Então algo aconteceu. Você foi quebrado...

por palavras ásperas
pela ira de um amigo
pela traição de um cônjuge...

O caniço partido... A sociedade sabe o que fazer com você... O mundo acabará com você; o mundo extinguirá você.

Contudo, os artistas das Escrituras proclamam que Deus não fará isto. Retratado em telas e mais telas está o toque terno de um Criador, que tem um lugar especial para os esmagados e cansados do mundo. Um Deus que é o amigo do coração ferido.

Ele ainda Remove Pedras

Fixe seus Olhos em Jesus

Tendo iluminados os olhos do vosso entendimento, para que saibais qual seja a esperança da sua vocação.
EFÉSIOS 1.18

O que significa ser simplesmente como Jesus? O mundo nunca conheceu um coração tão puro, um caráter tão perfeito. A sua audição espiritual era tão aguçada, que Ele nunca perdeu um sussurro celeste. Sua clemência, tão abundante, que Ele nunca deixou passar uma chance de perdoar. Nenhuma mentira saiu de seus lábios, nenhuma distração prejudicou a sua visão. Ele tocava, quando outros recuavam. Ele resistia, quando outros desistiam. Jesus é o modelo insuperável para cada pessoa. Deus o impele a fixar os olhos em Jesus. O céu o convida a focar as lentes de seu coração no coração do Salvador, e a fazer dEle o objetivo de sua vida.

Simplesmente como Jesus

Deus Sabe as Respostas

E, se algum de vós tem falta de sabedoria, peça-a a Deus.
TIAGO 1.5

Tomé chegou com dúvidas. Jesus o rejeitou?

Moisés teve suas reservas. Deus lhe disse para ir para casa?

Jó teve suas lutas. Deus o evitava?

Paulo teve os seus momentos difíceis. Deus o abandonaou?

Não. Deus nunca rejeita o coração sincero. Perguntas difíceis não embaraçam a Deus. Você pode não achar todas as respostas, mas encontrando Deus, você conhece aquEle que as sabe.

Walking with the Savior

Vida Espiritual que Provém do Espírito

Para que a justiça da lei se cumprisse em nós, que não andamos segundo a carne, mas segundo o Espírito.
ROMANOS 8.4

Talvez as lembranças de sua infância tragam mais dor que inspiração. As vozes de seu passado atrapalham você, depreciam-no, ignoram-no. Naquele tempo, você achava que esse tratamento era típico. Agora você vê que não.

E agora você se vê tentando explicar o seu passado. Você se levantou acima do passado, e fez diferença? Ou você continua controlado pelo passado, e pede desculpas?

Pense nisto. A vida espiritual vem do Espírito! Seus pais podem ter-lhe dado genes, mas Deus lhe deu graça. Seus pais podem ser responsáveis por seu corpo, mas Deus tem tomado conta de sua alma. Você pode ter herdado os olhos de sua mãe, mas obteve a eternidade de seu Pai — seu Pai celeste. E Deus está disposto a dar-lhe o que a sua família não deu.

Quando Deus Sussurra o seu Nome

A Escolha É sua

Se alguém quiser vir após mim,
negue-se a si mesmo,
e tome a sua cruz, e siga-me.
Marcos 8.34

De um lado está a multidão.
Zombando. Atormentando. Exigindo.
Do outro está um camponês.
Lábios inchados. Olhar cansado. Promessa imponente.
Um promete aceitação, o outro, a cruz.
Um oferece carnalidade e *glamour*. O outro oferece fé.
A multidão desafia: "Siga-me e adapte-se".
Jesus promete: "Siga-me e resista".
Eles prometem agradar. Deus promete salvar.
Deus olha para você e pergunta: "Qual será a sua escolha?"

Ouvindo Deus na Tormenta

O que Faz Deus Ser Deus?

Se formos infiéis, ele permanece fiel; não pode negar-se a si mesmo.
2 Timóteo 2.13

As bênçãos de Deus são dispensadas de acordo com as suas riquezas, não conforme a profundidade da nossa fé.

Por que é importante saber disso? Para que você não se torne cético. Olhe à sua volta. Não há mais bocas que pães? Não existem mais ferimentos que médicos? Não há mais necessitados de ouvir a verdade que gente disposta a contá-la?

Então, o que fazemos? Jogamos as mãos para o alto e vamos embora? Contamos ao mundo que não podemos ajudá-lo?

Não, não desistimos. Olhamos para cima. Confiamos. Acreditamos. E o nosso otimismo não é oco. Cristo tem mérito comprovado. Ele mostrou que nunca falha. É isto o que faz Deus ser Deus.

Ouvindo Deus na Tormenta

Corra a Jesus

Porque, se vivemos, para o Senhor vivemos;
se morremos, para o Senhor morremos.
ROMANOS 14.8

Quer saber aonde você pode ir para encontrar encorajamento e motivação? Volte àquele momento onde, pela primeira vez, você viu o amor de Jesus Cristo. Lembra-se do dia em que você foi separado de Cristo? Você conheceu apenas culpa e confusão, e então... uma luz. Alguém abriu a porta, e a luz penetrou as trevas em que você se encontrava. E você disse em seu coração: "Estou redimido!"

Corra a Jesus. Jesus quer que você vá a Ele. Ele quer tornar-se a pessoa mais importante de sua vida, o maior amor que você jamais conheceu. Ele quer que você o ame tanto, que não haja mais lugar em seu coração e em sua vida para o pecado. Convide-o a fixar residência em seu coração.

Walking with the Savior

Uma Busca Diligente

Ora, sem fé é impossível agradar-lhe, porque é necessário que aquele que se aproxima de Deus creia que ele existe e que é galardoador dos que o buscam.
Hebreus 11.6

Uma tradução interpreta Hebreus 11.6 da seguinte forma: "[Deus] recompensará aqueles que sinceramente o procuram" (Bíblia Viva). Eu prefiro a tradução da Versão King James, que diz: "Ele é galardoador daqueles que *diligentemente* o buscam" (ênfase minha).

Diligentemente — que palavra formidável! Ser diligente em sua busca. Ser ávido em sua indagação, constante em sua caminhada. Que este livro não seja meramente um entre dúzias que você já leu sobre Jesus... Deixe de lado buscas inglórias por posses ou posições, e busque o seu Rei.

Não esteja satisfeito com anjos, ou com estrelas no céu. Busque-o como os pastores. Anseie por Ele como Simeão. Adore-o como os homens sábios. Faça como João e André: pergunte por seu endereço. Faça como Mateus: convide Jesus a entrar em sua casa. Imite Zaqueu. Arrisque o que for preciso para ver Jesus.

Simplesmente como Jesus

Quando Deus Diz Não

E Jesus lhes disse: Eu sou o pão da vida;
aquele que vem a mim não terá fome;
e quem crê em mim nunca terá sede.
João 6.35

Há ocasiões em que a única coisa que você deseja é a única coisa que você não alcança.

Você ora e espera.

Nenhuma resposta.

Você ora e espera.

Posso fazer uma pergunta realmente importante? E se Deus disser "não"?

E se o pedido for adiado, ou mesmo negado? Quando Deus lhe disser não, como você reagirá? Se Deus disser: "Eu tenho lhe dado a minha graça, e isto lhe basta", você ficará contente?

Contente. Esta é a palavra. Uma declaração do coração de que estaria em paz se Deus lhe desse nada mais além do que já tem dado.

Nas Garras da Graça

Paixão pela Excelência

Porque somos feitura sua, criados em Cristo Jesus para as boas obras, as quais Deus preparou para que andássemos nelas.
EFÉSIOS 2.10

O empurrão pelo poder chega a atropelar. A maioria de nós está ou empurrando ou sendo empurrada.

Eu poderia apontar a diferença entre uma paixão por excelência e uma paixão por poder. O desejo de excelência é um dom de Deus, necessário na sociedade. Ele caracteriza-se pelo respeito à qualidade e por um anseio de usar os dons de Deus, de um modo que o agrade.

No entanto, há um abismo de diferença entre fazer o seu melhor para glorificar a Deus, e fazer o que for preciso para glorificar a si mesmo. A busca da excelência é sinal de maturidade. A busca do poder é infantilismo.

O Aplauso do Céu

Uma Família Verdadeira

Porquanto qualquer que fizer
a vontade de Deus, esse é meu irmão,
e minha irmã, e minha mãe.
Marcos 3.35

Jesus tinha algo a dizer sobre o relacionamento com parentes difíceis? Há algum exemplo de Jesus trazendo paz a uma família difícil? Sim, há.

A dEle próprio...

De qualquer modo, saber que Jesus tinha uma família pode surpreendê-lo. Você pode não estar consciente de que Jesus tinha irmãos e irmãs. Ele tinha. Citando os críticos da cidade natal de Jesus, Marcos escreveu: "Não é este o carpinteiro, filho de Maria e irmão de Tiago, e de José, e de Judas, e de Simão? E não estão aqui conosco suas irmãs?" (Mc 6.3)

E pode ser para você uma surpresa saber que a família de Jesus era menos que perfeita. Era. Se a sua família não aprecia você, acredite, a de Jesus também não o apreciava.

Contudo, Ele não tentava controlar o comportamento de sua família, nem deixava que o comportamento dela o controlasse. Ele não exigia que sua família concordasse com Ele. Não ficava amuado quando eles o insultavam. Não fez da tentativa de agradá-los a sua missão.

Ele ainda Remove Pedras

Recompensas Celestiais

Bem-aventurado aquele servo
que o Senhor, quando vier,
achar servindo assim.
MATEUS 24.46

O estádio está lotado hoje. Desde sexta-feira, Mark McGwire bateu não apenas um, nem dois, mas três *home runs*.* Por trinta e sete anos, ninguém conseguiu fazer mais que sessenta e um *homes* numa temporada; agora, o St. Louis fez sessenta e oito. E ainda não terminou... Os fãs estão enlouquecidos.

Ninguém pode ser Mark McGwire. De cada um milhão de aspirantes, um consegue. A grande maioria de nós não acerta a bola, não sente a fita registradora, não usa a medalha de ouro, não faz o discurso de despedida.

E está tudo bem. Entendemos que, na economia da terra, há um número limitado de coroas.

A economia celeste, no entanto, é animadoramente diferente. As recompensas celestes não se limitam a poucos escolhidos, mas "a todos os que amarem a sua vinda" (2 Tm 4.8).

Quando Cristo Voltar

* No jogo de beisebol, corrida por todo o circuito, sem parada.

A Ponte da Confissão

Dizia eu: Confessarei ao Senhor
as minhas transgressões; e tu
perdoaste a maldade do meu pecado.
SALMOS 32.5

Havia dois fazendeiros que não se davam de jeito nenhum. Uma larga ravina separava as duas fazendas, mas, como sinal da mútua aversão, cada um construiu uma cerca em seu lado da vala, para manter o outro afastado.

Porém, a filha de um eles conheceu o filho do outro, e o casal apaixonou-se. Determinados a não continuar separados pela tolice de seus pais, eles derrubaram a cerca e, com a sua madeira, construíram uma ponte sobre a ravina.

A confissão faz isto. Pecados confessados transformam-se na ponte sobre a qual caminharemos de volta à presença de Deus.

Nas Garras da Graça

Deus nos Conhece pelo Nome

O Senhor é o meu pastor;
nada me faltará.
SALMOS 23.1

Ovelhas não são inteligentes. Elas tendem a vaguear na margem dos riachos à procura de água e assim, ao se encharcarem, a sua lã fica pesada, e elas se afogam. Elas precisam de um pastor que as conduza a "águas tranqüilas" (Sl 23.2). Elas não possuem defesa natural — garras, chifres ou presas. São desamparadas. Ovelhas precisam de um pastor com "vara e cajado" (Sl 23.4) para protegê-las. Elas não têm senso de direção. Necessitam de alguém que as guie "pelas veredas da justiça" (Sl 23.3).

Assim somos nós. Também tendemos a ser arrastados por águas que deveríamos evitar. Não temos defesa contra o leão que ronda à procura de quem possa devorar. Nós também ficamos perdidos.

Precisamos de um pastor. Precisamos de um pastor que cuide de nós e nos guie. E temos um. Um Pastor que nos conhece pelo nome.

Ouvindo Deus na Tormenta

Nada menos que Jesus

Se guardardes os meus mandamentos,
permanecereis no meu amor,
do mesmo modo que eu tenho
guardado os mandamentos
de meu Pai e permaneço no seu amor.
João 15.10

Deus recompensa aqueles que o buscam. Não os que buscam doutrinas, ou religião, ou sistemas, ou credos. Muitos procuram estas paixões inferiores, mas a recompensa vai para aqueles que procuram nada menos que o próprio Jesus. E qual é a recompensa? O que espera por aqueles que buscam a Jesus? Nada menor que o coração de Jesus. "À medida que o Espírito do Senhor trabalha dentro de nós, tornamo-nos mais e mais semelhantes a Ele" (2 Co 3.18, Bíblia Viva).

Você pode pensar numa dádiva maior que ser igual a Jesus? Cristo não sentiu culpa; Deus quer banir a sua. Jesus não teve medo da morte; Deus quer que você também seja destemido. Jesus tinha bondade para os enfermos, clemência para os rebeldes e coragem para os desafios. Deus quer que você tenha o mesmo.

Ele quer que você seja simplesmente como Jesus.

Simplesmente como Jesus

Deponha os seus Cuidados

Bendito seja o Senhor,
que de dia em dia
nos cumula de benefícios.
SALMOS 68.19

Talvez a carga mais pesada que tentamos carregar seja a dos erros e fracassos. O que você faz com os seus fracassos?

Embora você tenha falhado, embora você tenha caído, embora todos o tenham rejeitado, Cristo não virará as costas a você. Ele vem primeiramente àqueles que não têm esperança. Ele vai àqueles a quem ninguém mais iria, e promete: "Eu lhe darei a eternidade".

Apenas você pode entregar suas inquietações ao Pai. Ninguém mais pode ajuntá-las e levá-las a Deus. Apenas você pode lançar toda a sua ansiedade sobre aquEle que cuida de você. Que melhor maneira de começar o dia, senão depondo os seus cuidados aos pés dEle?

Walking with the Savior

Medite no Amor de Deus

... poderdes perfeitamente compreender, com todos os santos, qual seja a largura, e o comprimento, e a altura, e a profundidade e conhecer o amor de Cristo.
EFÉSIOS 3.18,19

Não há meios de a nossa mente limitada conhecer o amor de Deus. Mas isto não o impede de vir.

Desde o berço em Belém à cruz em Jerusalém, temos meditado no amor de nosso Pai. O que você pode dizer diante desta espécie de emoção? Depois de saber que Deus preferiu morrer a deixar você, qual a sua reação? Como você pode começar a explicar tamanho amor?

Nas Garras da Graça

Dezembro

O caminho de Deus é perfeito.

–Salmos 18:30

A Coroa do Vencedor

Sabendo que cada um receberá
do Senhor todo o bem que fizer,
seja servo, seja livre.
EFÉSIOS 6.8

Por menos que saibamos a respeito da outra vida, uma coisa é certa: o dia da vinda de Cristo será um dia de recompensas. Aqueles que passaram desconhecidos na terra serão conhecidos no céu. Aqueles que nunca ouviram a ovação dos homens ouvirão a ovação dos anjos. Aqueles que nunca ouviram a bênção de um pai ouvirão a bênção de seu Pai celeste. O pequeno será grande. O esquecido será lembrado. O despercebido será coroado, e o fiel, honrado.

A coroa do vencedor não está reservada a um punhado da elite, mas para um céu cheio de filhos de Deus, e estes "[receberão] a coroa da vida, a qual o Senhor tem prometido aos que o amam" (Tg 1.12).

Quando Cristo Voltar

Deus É por Você

O Senhor, teu Deus... se deleitará em ti com alegria; calar-se-á por seu amor, regozijar-se-á em ti com júbilo.
SOFONIAS 3.17

Deus é *por* você. Vire-se para o lado; lá está Deus o animando na corrida. Olhe para trás, na linha de chegada; lá está Deus aplaudindo os seus passos. Ouça-o na arquibancada, gritando o seu nome. Cansado demais para prosseguir? Ele o carregará. Desencorajado demais para lutar? Ele o está encorajando. Deus é por você.

Deus é *por* você. Tivesse Ele um calendário, e o seu aniversário estaria assinalado. Se Ele dirigisse um carro, o seu nome estaria no pára-choque. Se houvesse uma árvore no céu, o seu nome estaria nela gravado.

"Pode uma mulher esquecer-se tanto do filho que cria, que se não compadeça dele, do filho do seu ventre?", indaga Deus em Isaías 49.15. Que estranha pergunta. Vocês podem imaginar, mães, alimentar seus filhos, e mais tarde perguntar: "Qual o nome deste bebê?" Não. Tenho visto como vocês cuidam de seus filhinhos. Vocês afagam os seus cabelos, tocam a sua face, cantam o seu nome, repetidas vezes. Pode uma mãe esquecer? De jeito nenhum. "Mas, ainda que esta se esquecesse, eu, todavia, me não esquecerei de ti", Deus nos garante.

Nas Garras da Graça

A Cura do Desapontamento

O caminho de Deus é perfeito.
Salmos 18.30

Quando Deus não faz o que queremos não é fácil. Nunca foi. Nunca será. Fé, porém, é a convicção de que Deus sabe mais do que nós a respeito desta vida, e nos guiará através dela.

Lembre-se: o desapontamento é curado por perspectivas renovadas.

Gosto da história do sujeito que entrou numa loja de animais, à procura de um periquito. Parece que ele era solteiro, e a sua casa estava muito silenciosa. O dono da loja tinha o pássaro certo para ele, e assim o homem o comprou.

No dia seguinte, o homem voltou do trabalho para uma casa cheia de música. Dirigiu-se à gaiola para alimentar a ave, e percebeu, pela primeira vez, que ela tinha uma perna só.

Sentindo-se enganado por haver comprado um pássaro de uma perna só, ligou para a loja e reclamou.

"O que você quer?", indagou o dono da loja, "um pássaro que canta, ou um pássaro que dança?"

Boa pergunta para quando formos desapontados.

Ele ainda Remove Pedras

O Matador da Alma

Porque o salário do pecado é a morte.
ROMANOS 6.23

O pecado faz a uma vida o que a poda faz a uma flor. Um corte no caule separa a flor da fonte de vida. Inicialmente, a flor é atrativa, ainda forte e colorida. Mas olhe para ela depois de algum tempo; as folhas murcharão e as pétalas despencarão. Não importa o que você faça, a flor não tornará a viver. Cerque-a de água. Finque o talo no solo. Purifique o solo à sua volta com fertilizante. Cole-a de novo no caule. Faça o que quiser. A flor está morta...

Uma alma morta não tem vida.

Cortada de Deus, a alma seca e morre. A conseqüência do pecado não é um mau dia, nem um mau humor, mas uma alma morta. O sinal de uma alma morta é claro: lábios envenenados e boca blasfema, pés que se encaminham para a violência, e olhos que não vêem a Deus.

A obra final do pecado é matar a alma.

Nas Garras da Graça

Os Pensamentos de Deus

Quão grandes são, Senhor,
as tuas obras! Mui profundos
são os teus pensamentos!
SALMOS 92.5

Os pensamentos de Deus não são os nossos pensamentos, e nem são iguais aos nossos. Não estamos nem perto. Nós pensamos: *Preserve o corpo*. Ele pensa: *Salve a alma*. Nós sonhamos com um aumento de salário. Ele sonha em levantar o morto. Nós evitamos a dor e buscamos a paz. Deus usa a dor para trazer a paz. "Vou viver antes de morrer", decidimos. "Morra para que possa viver", instrui Ele. Nós amamos o que enferruja. Ele ama o que perdura. Regozijamo-nos com nossos sucessos. Ele regozija-se com as nossas confissões. Mostramos aos nossos filhos a estrela da *Nike*, com o sorriso de um milhão de dólares, e incentivamos: "Seja como o Ronaldinho". Deus aponta para o carpinteiro crucificado, com lábios sangrentos e um lado furado, e diz: "Seja igual a Cristo".

A Grande Casa de Deus

Uma Afirmação Celeste

Eu serei para vós Pai,
e vós sereis para mim filhos e filhas,
diz o Senhor Todo-poderoso.
2 CORÍNTIOS 6.18

Cada um de nós tem uma fantasia de que a nossa família será como a família Walton; uma expectativa de que nosso amigo mais querido será o parente mais próximo. Jesus não tinha esta expectação. Veja como Ele definiu sua família: "Qualquer que fizer a vontade de Deus, esse é meu irmão, e minha irmã, e minha mãe" (Mc 3.35).

Quando os irmãos de Jesus não partilhavam suas convicções, Ele não os forçava. Ele reconhecia que a sua família espiritual podia prover o que a sua família física não podia.

Não podemos controlar o modo como a nossa família reage a nós. Quando se trata do comportamento do outros em relação a nós, nossas mãos estão atadas. Temos de mover-nos para além da expectativa ingênua de que se agirmos bem, as pessoas nos tratarão bem. O fato é que elas podem, ou não, fazê-lo. Não podemos controlar o modo como as pessoas reagem a nós.

Deixe Deus dar a você o que a sua família não dá. Se o seu pai terreno não o afirma, deixe que seu Pai celeste tome o lugar dele.

E não perca a afeição. Deus ainda muda famílias.

Ele ainda Remove Pedras

No Céu não Há Preocupações

E Deus limpará de seus olhos toda lágrima, e não haverá mais morte, nem pranto, nem clamor, nem dor.
APOCALIPSE 21.4

O que você fez hoje para evitar a morte? Provavelmente um monte de coisas. Você tomou comprimidos, analisou alimentos, deixou de lado as tortas e buscou os poliinsaturados. Por quê? Por que o esforço? Porque você está preocupado em continuar vivo. No céu, isto não será uma preocupação.

De fato, você não se preocupará com nada. Algumas mães preocupam-se com a possibilidade de seus filhos se machucarem. No céu você não se preocupará. No céu não sentiremos dor. Alguns preocupam-se com o envelhecimento. No céu isto não acontecerá. Seremos todos fortes, constantemente.

Não somos feitos de aço. Somos feitos de pó. E esta vida não é coroada com vida; é coroada com morte.

A outra vida, no entanto, é diferente. Jesus instou com os cristãos de Esmirna: "Sê fiel até à morte, e dar-te-ei a coroa da vida" (Ap 2.10).

Quando Cristo Voltar

A Oração nos Faz Lembrar

A oração feita por um justo
pode muito em seus efeitos.
TIAGO 5.16

A oração é o reconhecimento de que se Deus não tivesse comprometido a si mesmo em nossos problemas, ainda estaríamos perdidos em escuridão. Foi por sua misericórdia que fomos levantados. A oração é este processo completo que nos lembra quem é Deus e quem somos nós.

Acredito que haja grande poder na oração. Acredito que Deus cura o ferido e pode ressuscitar o morto. Mas não acredito que devemos dizer a Deus o que fazer, e quando fazê-lo.

Deus sabe que nós, com a nossa visão limitada, não sabemos nem por qual desejo devemos orar. Quando lhe confiamos as nossas petições, confiamos que Ele honrará nossas orações com julgamento santo.

Walking with the Savior

Graça sobre Graça

Já aprendi a contentar-me com o que tenho.
Filipenses 4.11

Examine esta questão: E se a única dádiva de Deus a você fosse a sua graça para salvá-lo? Você estaria contente? Você suplica-lhe que salve a vida de seu filho. Você apela para Ele conservar a salvo os seus negócios. Você implora-lhe para remover o câncer do seu corpo. Se a resposta dEle for: "A minha graça lhe basta", você ficará contente?

Veja você, da perspectiva celeste, graça é o suficiente. Se Deus fizesse nada mais que livrar-nos do inferno, poderia alguém reclamar? Havendo ganhado a vida eterna, ousaríamos murmurar por um corpo dolorido? Havendo recebido riquezas celestiais, nos atreveríamos a lamentar a pobreza terrena?

Se você tem olhos para ler estas palavras, mãos para segurar este livro, meios para adquirir este volume, Ele já lhe deu graça sobre graça.

Nas Garras da Graça

Preparado como uma Noiva

Aquele que tem a esposa é o esposo.
JOÃO 3.29

A descrição que João faz do futuro, no Apocalipse, é de tirar o fôlego. O seu retrato da batalha final é vívido. Uns bons choques com o mal. O sagrado combate o pecador. Os escudeiros bramam com guinchos de dragões e queimam com brasas do abismo ardente. Todavia, no meio do campo de batalha há uma rosa. João a descreve no capítulo 21.

"E eu, João, vi a Santa Cidade, a nova Jerusalém, que de Deus descia do céu, adereçada como uma esposa ataviada para o seu marido" (Ap 21.2).

No combate final, no alto da montanha, Deus puxa a cortina e permite ao guerreiro espiar para dentro da pátria. Quando recebeu a tarefa de escrever o que viu, João escolheu a mais bela comparação que a terra tinha a oferecer. A Santa Cidade, conta João, é "como uma esposa ataviada para o seu marido".

O Aplauso do Céu

Simplesmente Ore

Está alguém entre vós aflito? Ore.
Está alguém contente? Cante louvores.
TIAGO 5.13

Quer saber como aprofundar a sua vida de oração? Ore. Não faça preparativos para orar. Simplesmente ore. Não leia sobre oração. Apenas ore. Não assista a uma conferência sobre oração, nem entre numa discussão sobre oração. Tão-somente ore.

Postura, tom e lugar são assuntos pessoais. Escolha a forma que funciona para você. Mas não pense muito a respeito. Não fique tão preocupado em embrulhar o presente a ponto de nunca o dar. É melhor orar desajeitadamente que nunca fazê-lo.

E se você acha que só deve orar quando inspirado, tudo bem. Apenas cuide para que esteja inspirado todos os dias.

Quando Deus Sussurra o seu Nome

Deus não É Difícil de se Achar

Certamente que a bondade e a misericórdia me seguirão todos os dias da minha vida; e habitarei na Casa do Senhor por longos dias.
Salmos 23.6

Que jeito surpreendente de descrever Deus. Um Deus que nos persegue.

Ousamos visualizar um Deus móvel, ativo, que nos caça, segue nosso rastro, acompanhando-nos com bondade e misericórdia todos os dias de nossa vida? Ele não é difícil de se achar. Ele está lá nas Escrituras, procurando Adão e Eva. Eles estão escondidos nos arbustos, em parte para cobrir seus corpos, em parte para cobrir seu pecado. Deus espera que os dois venham a Ele? Não. As palavras soam no jardim: "Onde estão vocês?", indaga Deus, iniciando sua busca para redimir o coração do homem (Gn 3.9). Uma busca para seguir seus filhos até que seus filhos o sigam.

The Gift for All People

O Preço Inefável

Mas a todos quantos o receberam
deu-lhes o poder de serem
feitos filhos de Deus.
João 1.12

Quando vivíamos no Rio de Janeiro, conhecemos diversas famílias americanas que vinham ao Brasil para adotar crianças. Eles passavam dias, às vezes semanas, imersos numa língua diferente e numa cultura estranha. Enfrentavam a burocracia e pagavam grandes somas, tudo na esperança de levar uma criança para os Estados Unidos.

Deus não fez o mesmo por nós? Ele entrou em nossa cultura, combateu a resistência, e pagou o preço indizível requerido para a adoção. Legalmente, somos dEle. Ele nos possui. Temos todos os privilégios legais de filhos. Estamos tão-somente esperando por seu retorno. Estamos, como declarou Paulo, "esperando a adoção, a saber, a redenção do nosso corpo" (Rm 8.23).

Quando Cristo Voltar

Cada Filho Tem um Nome

Eu sou o bom Pastor,
e conheço as minhas ovelhas,
e das minhas sou conhecido.
João 10.14

O pastor conhece suas ovelhas. Ele as chama pelo nome.

Quando vemos uma multidão, vemos exatamente isto: uma multidão. Vemos um povo. Não pessoas, mas um povo. Um bando de seres humanos. Um rebanho de faces. É isto que vemos.

Mas não é assim com o Pastor. Para ele, cada face é diferente. Cada face é uma história. Cada face é um filho. Cada filho tem um nome.

O Pastor conhece suas ovelhas. Conhece cada uma pelo nome. O Pastor conhece você. Ele sabe o seu nome. E nunca o esquecerá.

Quando Deus Sussurra o seu Nome

Um Coração Partido?

O caminho do ímpio é abominável
ao Senhor, mas ele ama
o que segue a justiça.
PROVÉRBIOS 15.9

Talvez a ferida seja velha. Um pai abusou de você. Um professor o desprezou. Um cônjuge o traiu... E você está com raiva.

Ou talvez a ferida seja recente. O amigo que lhe deve dinheiro anda dirigindo um carro novo. O patrão que o contratou com promessas de promoção esqueceu como se pronuncia seu nome. E você está magoado.

Uma parte de você está quebrada, e a outra, amargurada. Um lado de você quer chorar, e o outro, lutar. Há um fogo queimando em seu coração. É o fogo da ira.

E você se vê às voltas com uma decisão: "Apago o fogo ou o torno mais quente? Domino-o, ou ajusto as contas? Apago-o, ou guardo rancor? Deixo minhas feridas sararem, ou deixo que se transformem em ódio?"

Deslealdade é errado. Vingança é ruim. Mas a pior parte de tudo é que, sem perdão, amargura é tudo o que resta.

O Aplauso do Céu

Palavras de Promessa

Porque um menino nos nasceu,
um filho se nos deu... seu nome será
Maravilhoso Conselheiro,
Deus Forte... Príncipe da Paz.
ISAÍAS 9.6

A cada Natal eu leio este lembrete que me chegou pelo correio vários anos atrás:

Se a nossa maior necessidade fosse informação, Deus nos teria enviado um educador. Se a nossa maior necessidade fosse tecnologia, Deus nos teria enviado um cientista. Se a nossa maior necessidade fosse dinheiro, Deus nos teria enviado um economista. Mas uma vez que a nossa maior necessidade era o perdão, Deus enviou-nos um Salvador.

Cartões de Natal. Pontuados de promessas. Frases cheias da razão de que, de qualquer modo, o fazemos.

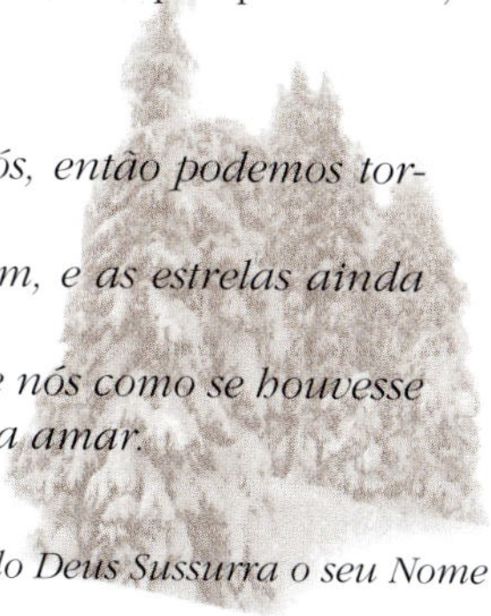

Ele tornou-se como nós, então podemos tornar-nos como Ele.
Os anjos ainda cantam, e as estrelas ainda acenam.
Ele ama a cada um de nós como se houvesse apenas um de nós para amar.

Quando Deus Sussurra o seu Nome

Por Causa da nossa Necessidade

Porque Deus enviou o seu Filho ao mundo
não para que condenasse o mundo,
mas para que o mundo fosse salvo por ele.
JOÃO 3.17

Você já imaginou pais em perspectiva dizendo: "Gostaríamos de adotar João, mas, primeiro queremos saber algumas coisas. Ele tem uma casa para morar? Ele tem dinheiro para a sua educação? Ele tem condução para a escola todas as manhãs, e roupas para vestir todos os dias? Ele pode preparar a própria refeição e consertar as próprias roupas?"

Nenhuma Vara de Infância se disporia a tal conversa. O juiz levantaria a mão e diria: "Um momento. Você não entendeu. Você não adota o João por causa do que ele tem; você o adota por causa do que ele precisa. Ele precisa de um lar".

O mesmo é verdade com Deus. Ele não nos adota pelo que temos. Ele não nos dá o seu nome por causa de nossa capacidade, ou nossa carteira, ou nosso bom comportamento. Adoção é algo que recebemos, não algo que conquistamos.

A Grande Casa de Deus

Lugar para Deus?

Eis que estou à porta e bato.
Apocalipse 3.20

Algumas das palavras mais tristes da vida são: "Não temos lugar para você".

Jesus conhecia o som dessas palavras. Ele ainda estava no ventre de Maria, quando o estalajadeiro disse: "Não temos lugar para você".

E quando Ele estava pendurado na cruz, a mensagem não era de total rejeição? "Não temos lugar para você neste mundo".

Até hoje Jesus recebe o mesmo tratamento. Ele vai de coração em coração, perguntando se pode entrar...

De vez em quando Ele é bem recebido. Alguns abrem a porta do coração, e o convidam a ficar. E a estas pessoas Jesus dá a sua grande promessa: "Na casa de meu Pai há muitas moradas".

Que promessa maravilhosa Ele nos faz! Nós lhe damos lugar em nosso coração, e Ele prepara-nos lugar em sua casa.

Quando Cristo Voltar

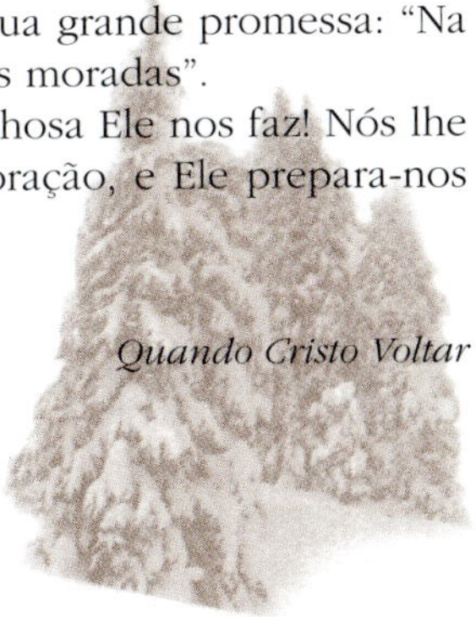

Dobre os Joelhos

Deus resiste aos soberbos,
dá, porém, graça aos humildes.
TIAGO 4.6

Uma pequena catedral fora de Belém assinala o suposto lugar do nascimento de Jesus. Atrás do elevado altar da igreja há uma gruta. Uma caverna iluminada por lâmpadas de prata.

Você pode entrar no edifício principal e admirar a igreja antiga. Também pode entrar na caverna silenciosa, onde uma estrela engastada no chão confessa o nascimento do Rei. Há uma condição, no entanto. Você deve inclinar-se. A porta é tão baixa, que você não pode passar em pé.

O mesmo é verdade em relação a Jesus. Você pode ver o mundo de pé, mas para presenciar o Salvador, deve dobrar-se sobre os joelhos.

O Aplauso do Céu

O Presente É Dado por Deus

Toda boa dádiva e todo dom perfeito
vêm do alto, descendo do Pai das luzes,
em quem não há mudança,
nem sombra de variação.
Tiago 1.17

A conclusão é inevitável: auto-salvação não funciona. O homem não tem como salvar a si mesmo.

Paulo, contudo, anuncia que Deus tem um jeito. Onde o homem falha, Deus sobressai. A salvação vem do céu para baixo, não da terra para cima. "Toda boa dádiva e todo dom perfeito vêm do alto, descendo do Pai das luzes" (Tg 1.17).

Note, por favor: a salvação é dada por Deus, dirigida por Deus, autorizada por Deus e originada em Deus. O presente não é do homem para Deus. É de Deus para o homem.

Nas Garras da Graça

Uma Noite EXTRA-ordinária

Pois, na cidade de Davi,
vos nasceu hoje o Salvador,
que é Cristo, o Senhor.
LUCAS 2.11

Uma noite ordinária, com ovelhas ordinárias e pastores ordinários. E se não fosse por um Deus que adora pendurar um "extra" na frente do ordinário, a noite teria passado despercebida. As ovelhas teriam sido esquecidas, e os pastores, caído no sono.

Mas Deus dança no meio do comum. E naquela noite Ele valsou.

O céu escuro explodiu cheio de luz. As árvores mergulhadas nas sombras saltaram para a claridade. As ovelhas que estavam silenciosas tornaram-se um coro de curiosidade. Num minuto, os pastores estavam mortos de sono; no outro, esfregavam os olhos e fitavam a face de um anjo.

A noite nunca mais foi ordinária.

Os anjos vieram à noite, porque é quando as luzes são mais visíveis, e quando mais se precisa delas. Deus veio para o comum pela mesma razão: seus instrumentos mais poderosos são os mais simples.

O Aplauso do Céu

O Presente da Graça

Porque o que me achar achará a vida
e alcançará favor do Senhor.
PROVÉRBIOS 8.35

A graça é criada por Deus e dada ao homem. Baseado neste único ponto, o cristianismo é posto à parte de qualquer outra religião do mundo. Todas as outras aproximações de Deus são um sistema mercantilista; se eu fizer isto, Deus fará aquilo. Sou salvo tanto pelo trabalho (o que faço), como pelas emoções (o que experimento), ou pelo conhecimento (o que sei).

Ao contrário, o cristianismo não tem nem cheiro de negociação. O homem não é um negociante; na verdade, ele não possui bens para negociar.

Nas Garras da Graça

A Grande Dádiva de Deus

Graças a Deus, pois,
pelo seu dom inefável.
2 Coríntios 9.15

Por que Ele faz isto? Uma cabana teria bastado, mas Ele deu-nos uma mansão. Ele precisava ter dado uma canção aos pássaros e um pico às montanhas? Foi-lhe pedido que colocasse listras na zebra e corcovas no camelo? Por que envolver a criação em tal esplendor? Por que preocupar-se tanto em conceder tais dádivas?

Por que você o faz? Você faz o mesmo. Tenho visto você procurando um presente. Tenho visto você espreitando as vitrines dos shoppings. Não estou falando dos presentes obrigatórios. Estou falando daquela pessoa extra-especial e daquele presente extra-especial. Por que você o faz? Você o faz porque o coração parará. Você o faz porque o queixo cairá. Você o faz para ouvir aquelas palavras de incredulidade: "Você fez isto por *mim*?"

É por isto que você o faz. E é por isto que Deus o fez. Da próxima vez que um nascer do sol tirar a sua respiração, ou um prado em flor deixá-lo sem fala, fique assim mesmo. Não diga nada, e ouça o sussurro do céu: "Você gostou? Fiz isto para você".

A Grande Casa de Deus

A Promessa Permanece

E Jacó gerou a José,
marido de Maria, da qual nasceu
Jesus, que se chama o Cristo.
MATEUS 1.16

Parece que o único elo entre os "não-tão-famosos avós" de Jesus era uma promessa. Uma promessa do céu, de que Deus os usaria para enviar seu Filho.

Por que Deus usou essas pessoas? Ele não tinha de fazê-lo. Poderia simplesmente ter deitado o Salvador nos degraus de uma porta. Teria sido bem mais simples. E por que Deus contou-nos a sua história?

Simples. Ele queria que soubéssemos que quando o mundo se torna bravio, Ele permanece calmo.

Quer uma prova? Leia o último nome na linhagem de Jesus. Apesar de todas as auréolas tortas e cambalhotas insípidas de seu povo, o último nome na lista é o primeiro prometido: Jesus.

Nem mais um nome é alistado. Nem mais um é necessário. É como se Deus estivesse anunciando a um mundo duvidoso: "Veja, eu o fiz. Exatamente como eu disse que faria".

Quando Deus Sussurra o seu Nome

Deus Fez-se Homem

Mas aniquilou-se a si mesmo,
tomando a forma de servo,
fazendo-se semelhante aos homens.
FILIPENSES 2.7

Tudo aconteceu no momento mais notável. Um momento como nenhum outro...

Deus tornou-se homem. Chegou a divindade. O céu abriu-se, e colocou o seu ser mais precioso num ventre humano.

O Onipotente, num instante único, tornou-se carne e sangue. AquEle que era maior que o universo tornou-se um embrião microscópico. E Ele, que sustém o mundo com uma palavra, escolheu depender da nutrição de uma jovem.

Deus tinha chegado.

Deus Chegou mais Perto

A Força do Amor de Deus

Mas Deus prova o seu amor para conosco em que Cristo morreu por nós, sendo nós ainda pecadores.
Romanos 5.8

"Pode alguma coisa fazer-me parar de amar você?", indaga Deus. "Veja-me falar a sua língua, dormir em sua terra e sentir as suas dores. Observe o Criador da vista e da audição, enquanto Ele espirra, tosse e assoa o nariz. Você pergunta se eu sei como você se sente? Olhe dentro dos olhos do menino, em Nazaré; é Deus indo para a escola. Pense na criança à mesa de Maria; é Deus derramando o leite.

"Você indaga até onde irá meu amor? Ache a sua resposta numa cruz lavrada, sobre um monte escarpado. É a mim que você vê ali, o seu Criador, o seu Deus, furado de cravos e sangrando. Coberto de cuspe e encharcado de pecado.

"É o seu pecado que estou sentindo. É a sua morte que estou morrendo. É a sua ressurreição que estou vivendo. É o quanto eu amo você."

Nas Garras da Graça

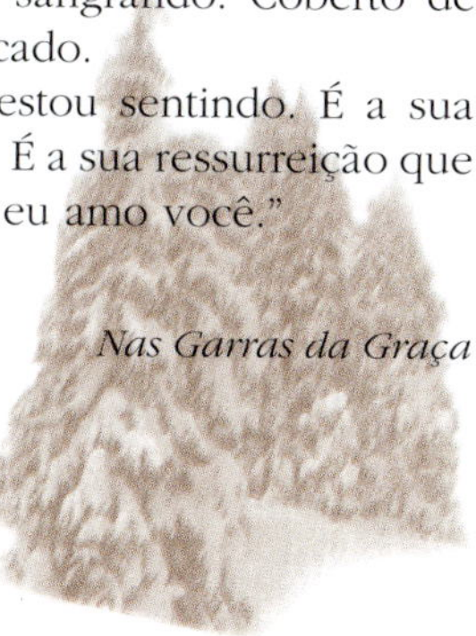

Admissão em Alegria

Tornaste o meu pranto em folguedo; tiraste o meu cilício e me cingiste de alegria.
SALMOS 30.11

O primeiro passo para a alegria é um pedido de ajuda, um reconhecimento de destituição moral, uma admissão de exigüidade íntima. Aqueles que experimentaram a presença de Deus declararam bancarrota espiritual, e estão cônscios de sua crise espiritual. Seu armário está desguarnecido. Seus bolsos, vazios. Suas opções se foram. Há muito pararam de exigir justiça; estão suplicando misericórdia.

Eles pedem que Deus faça por eles o que não podem fazer sem Deus. Eles viram o quanto Deus é santo e o quanto eles são pecadores, e concordaram com a declaração de Jesus: "Salvação é impossível".

Oh, a ironia do deleite de Deus — nascer no solo ressecado da destituição, em vez de no solo fértil do feito heróico.

É um caminho diferente. Um caminho que você não está acostumado a tomar. Geralmente não declaramos nossa impotência. Admissão de fracasso não é, normalmente, algo que fazemos com alegria. Confissão completa não é comumente seguida de perdão total. Porém, mais uma vez, Deus nunca foi governado pelo que é comum.

O Aplauso do Céu

Imerso em Graça

E o Deus de toda a graça,
que em Cristo Jesus vos chamou
à sua eterna glória.
1PEDRO 5.10

Não é fácil acreditar que estamos total e eternamente livres de dívidas. Embora tenhamos estado diante do trono e ouvido do próprio Rei, ainda duvidamos. Como resultado, a muitos é perdoado bem pouco, não porque a graça do Rei seja limitada, mas porque a fé do pecador é pequena. Deus está disposto a perdoar tudo. Disposto a apagar totalmente a lousa. Ele nos guia a um tanque de misericórdia e convida-nos ao banho. Alguns mergulham. Outros, porém, apenas tocam a superfície da água. Estes saem sentindo-se não perdoados...

Onde a graça de Deus é deixada de lado, a amargura nasce. Mas onde a graça de Deus é abraçada, o perdão floresce.

Quanto mais imergimo-nos na graça, mais provavelmente damos graça.

Nas Garras da Graça

Deus Muda Famílias

Todos estes perseveravam unanimemente em oração e súplicas, com as mulheres, e Maria, mãe de Jesus, e com seus irmãos.
ATOS 1.14

Deus tem provado ser um pai fiel. Agora cabe a nós ser filhos confiantes. Deixe que Deus lhe dê o que sua família não dá. Deixe-o preencher o vazio deixado pelos outros. Apóie-se nEle para obter afirmação e encorajamento. Observe as palavras de Paulo: "Assim que já não és mais servo, mas filho; e, se és filho, *Deus te dará as bênçãos que prometeu*" (Gl 4.7, parte em itálico parafraseada pelo autor).

Ter a aprovação de sua família é desejável, porém não necessário à felicidade, e nem sempre possível. Jesus não deixava que a dinâmica difícil de sua família eclipsasse a sua chamada divina. Por isso, o capítulo de sua família tem um final feliz.

Ele deu-lhes espaço, tempo e graça. E por isso, eles mudaram. Um irmão tornou-se apóstolo (Gl 1.19), e outros vieram a ser missionários (1 Co 9.5).

Ele ainda Remove Pedras

Nossa Meta

E todas as minhas coisas são tuas,
e as tuas coisas são minhas;
e nisso sou glorificado.
JOÃO 17.10

Deus está no negócio de mudar a face do mundo.

Deixe-me ser claro. Esta mudança é tarefa dEle, não nossa. A nossa meta não é tornar radiante as nossas faces. Nem Jesus fez isto. Mateus narra: "A aparência de Jesus foi mudada". Não "Jesus mudou sua aparência". Moisés nem sabia que a sua face estava brilhando (Êx 34.29). A nossa meta não é evocar uma expressão falsa, congelada. A nossa meta é simplesmente estar diante de Deus, com um coração preparado e disposto, e deixar Deus fazer seu trabalho.

E Ele faz. Ele enxuga as lágrimas. Esfrega o suor. Suaviza nossa testa enrugada. Toca nosso rosto. Muda as nossas faces enquanto adoramos.

Simplesmente como Jesus

Palavras Anelantes

Deixo-vos a paz, a minha paz vos dou;
não vo-la dou como o mundo a dá.
Não se turbe o vosso coração,
nem se atemorize.
JOÃO 14.27

Se tão-somente vocês soubessem que vim para ajudar, e não para condenar. Se tão-somente vocês soubessem que amanhã será melhor que hoje. Se tão-somente vocês conhecessem a dádiva que vim trazer: a vida eterna. Se tão-somente vocês soubessem que eu os quero em segurança no lar.

Se tão-somente vocês soubessem.

Que palavras anelantes para virem dos lábios de Deus. Que bondade a dEle deixar-nos ouvi-las. Como é crucial que paremos para escutá-las. Se tão-somente soubéssemos confiar. Confiar que Deus está do nosso lado. Confiar que Deus quer o que é melhor...

Se tão-somente pudéssemos aprender a confiar nEle.

Ouvindo Deus na Tormenta

AGRADECIMENTOS

Gratos reconhecimentos às seguintes editoras por permitir-nos a reimpressão deste material. Todos os direitos autorais reservados ao autor, Max Lucado.

O Aplauso do Céu (Nashville: Word, 1990).
In the Eye of the Storm (Nashville: Word, 1991).
Ele ainda Remove Pedras (Nashville: Word, 1993).*
Quando Deus Sussurra o seu Nome (Nashville: Word, 1994).*
Ouvindo Deus na Tormenta (Nashville: Word, 1995).*
Nas Garras da Graça (Nashville: Word, 1996).*
A Grande Casa de Deus (Nashville: Word, 1997).*
Simplesmente como Jesus (Nashville: Word, 1998).*
Quando Cristo Voltar (Nashville: Word, 1999).*
Deus Chegou mais Perto (Sisters, Ore.: Multnomah Publishers, Inc., 1987).

And the Angels Were Silent (Sisters, Ore.: Multnomah Publishers, Inc., 1992).

Seis Horas de uma Sexta-feira (Sisters, Ore.: Multnomah Publishers, Inc., 1989).

Seu Nome É Salvador (Sisters, Ore.: Multnomah Publishers, Inc., 1987).

The Gift for All People (Sisters, Ore.: Multnomah Publishers, Inc., 1999).

Walking with the Savior (Wheaton: Tyndale House, 1993).

* Editados pela CPAD.